신앙고백과 성례에 대한 묵상

헤르만 바빙크의
찬송의 제사

도서출판 다함은

1. 다윗과 아브라함의 자손
아브라함과 다윗의 자손으로, 하나님 구원의 언약 안에 있는 택함 받은 하나님 나라 백성을 뜻합니다.

2. 마음과 뜻과 힘을 다하여 하나님을 사랑하라
구약의 언약 백성 이스라엘에게 주신 명령(신 6:5)을 인용하여 예수님이 가르쳐 주신 새 계명
(마 22:37, 막 12:30, 눅 10:27)대로 마음과 뜻과 힘을 다해 하나님을 사랑하겠노라는 결단과 고백입니다.

사명선언문
1. 성경을 영원불변하고 정확무오한 하나님의 말씀으로 믿으며, 모든 것의 기준이 되는 유일한 진리로 인정하겠습니다.
2. 수천 년 주님의 교회의 역사 가운데 찬란하게 드러난 하나님의 한결같은 다스림과 빛나는 영광을 드러내겠습니다.
3. 교회에 유익이 되고 성도에 덕을 끼치기 위해, 거룩한 진리를 사랑과 겸손에 담아 말하겠습니다.
4. 하나님 앞에서 부끄럽지 않도록 항상 정직하고 성실하겠습니다.

헤르만 바빙크의 찬송의 제사

초판 1쇄 인쇄 2020년 11월 26일
초판 1쇄 발행 2020년 12월 10일
초판 4쇄 발행 2024년 05월 01일

지은이 | 헤르만 바빙크
옮긴이 | 박재은
펴낸이 | 이웅석

펴낸곳 | 도서출판 다함
등 록 | 제2018-000005호
주 소 | 경기도 군포시 산본로 323번길 20-33, 701-3호(산본동, 대원프라자빌딩)
전 화 | 031-391-2137
팩 스 | 050-7593-3175
블로그 | https://blog.naver.com/dahambooks
이메일 | dahambooks@gmail.com

디자인 | 디자인집(02-521-1474)

ISBN 979-11-90584-11-1 (04230) | 979-11-90584-00-5 (세트)

* 이 책은 신저작권법에 의하여 국내에서 보호를 받는 저작물입니다.
  출판사와의 협의 없는 무단 전재와 무단 복제를 엄격히 금합니다.
* 책 값은 뒷표지에 있습니다.
* 잘못된 책은 교환하여 드립니다

신앙고백과 성례에 대한 묵상

헤르만 바빙크의
찬송의 제사

다함
도서출판

| 목차 |

추천사 ·· 06
영역본 역자 서문 ··· 12
영역본 제2판 서문 ··· 14
한역본 역자 서문 ··· 15
서론 ··· 19

1장. ·· 25
신앙고백의 근거와 기초

2장. ·· 45
신앙고백을 위한 훈련과 양육

3장. ·· 57
신앙고백의 규칙

4장. ·· 75
신앙고백의 본질

5장. ·· 95
신앙고백의 내용

6장. 107
신앙고백의 다양성

7장. 121
신앙고백의 보편성

8장. 141
신앙고백을 향한 의무

9장. 157
신앙고백을 향한 반대

10장. 169
신앙고백을 위한 능력

11장. 183
신앙고백의 상급

12장. 197
신앙고백의 승리

추천사

 추천사를 쓰기 위해 제공 받은 글을 인쇄한 후 마음을 추스리고 앉아 천천히 읽기 시작했습니다. 다소 경직되었던 마음은 1장을 마칠 때 즈음에 완전히 녹아 있었습니다. 노안이 오기 시작하면서 건조해졌던 눈도 촉촉해져 있었습니다. 바빙크가 성경을 들어 담담히 설명하는 은혜 언약이 파도가 되어 마음과 눈을 덮친 것입니다. 하나님에게서 출발한 은혜 언약이 하나님의 전적인 주도 속에 우리에게 이르고 그 안에 담긴 충만한 복과 생명과 영광이 그리스도 안에서 성취되고 유지되어 교회 가운데 흐른다는 선언 앞에 마음을 숙이지 않을 인생이 어디에 있을까요? 작게 시작한 은혜의 파도가 어느덧 마음속에서 휘몰아칠 때 제 입에서는 탄식이 흘러나왔습니다. 그리고 알았습니다. 이것이 일종의 신앙고백이라는 것을 말입니다. 바빙크가 말한 것처럼, 은혜 언약이야말로 신앙 고백의 근거요 기초입니다. 은혜 언약 안에 풍성하게 들어 있는 선물과 유익과 복도 참으로 놀랍지만, 우리를 그 은혜 언약 안으로 끌어들이시는 우리의 아버지 하나님은 참으로 온종일 찬양할 만한 분이십니다.

 은혜 언약의 파도 뒤에 따라오는 신앙고백의 물결은 힘차고 강합니다. 바빙크에 의하면, 신앙고백의 본래적 의미는 한 사람이 예수님을 그리스도로 믿는 개인적인 믿음을 공개적으로 증명하고 증언하는 것입니다. 마음으로 믿어 입으로 시인하는 것, 곧 깊고 확고한 마음의 확신과 그것을 부끄러워하지 않고 공개적으로 증거하고 증언하는 것입니다. 이와 같은 신앙고백을 위해 은혜 언약에 속한 신자와 그의 자녀에게 생명의 말씀을 공급하여 훈련하고 양육하는 것이 필요합니다. 바빙크는 한 생명이 태어나면 세심한 보살핌 속에서 음식을 제공 받아 그 생명을 유지하고 성장시키는 것처럼 영적인 생명과 성장도 동일한 원리를 따른다고 말합니다. 은혜 언약 안에 있는 자녀들에게 이 원리를 따라 생명의 양식인 말씀으로 양육할 책임은 부모와 교회에게 있습니다. 부모와 교회는 자녀들이 공적인 신앙고백, 곧 성례에 참여할 때까지 이 책임을 다해야 합니다. 자기 자신의 죄와 비참함에 대한 고백과, 그럼에도 불구하고 자신의 몸과 영혼이 예수 그리스도의 것이라는 참된 고백이 그 자리에서 공개적으로 증언될 때 신앙고백과 일치하는 삶이 더욱 굳건해질 수 있습니다.

은혜 언약의 파도와 물결 뒤에는 광대한 바다가 있습니다. 그 바다에는 다채로운 인생과 변화무쌍한 삶이 있습니다. 사람들은 저마다 다른 인생을 살고 그로 인해 생기는 생각의 차이는 생각보다 큽니다. 바빙크는 이것을 자연스러운 다양성이라고 합니다. 은혜는 자연스러운 다양성을 억누르거나 폐하기보다는 오히려 새롭게 하여서 더욱 풍성하게 합니다. 자연스러운 다양성 안에서 신앙고백에서도 크고 작은 차이가 있습니다. 마치 태양은 하나지만 그것을 바라보는 사람들의 눈은 다양한 것처럼 말입니다. 물론, 이 다양성은 그리스도로 통일됩니다. 빛과 생명이요 세상의 구주요 우리 죄와 온 세상의 죄를 위한 화목제물이신 그리스도 안에서 하늘과 땅의 모든 만물이 하나님과 화목하여 하나가 됩니다. 그리스도를 제외하고는 그 어떤 신앙고백도 의미가 없습니다. 그리스도의 증인으로 이 땅에 오신 성령께서는 우리로 하여금 그리스도를 마음으로 믿고 입으로 고백하며 몸으로 영광 돌리게 하십니다. 진실한 신앙고백은 반드시 상급을 얻고 승리하게 될 것입니다.

기독교 신앙에 대해 이토록 간결하고 상쾌하게 표현한 글이 또 있을까요? 이토록 깊고 넓게 쓴 글이 또 있을까요? 이토록 뭉클하고 저릿한 교리서가 또 있을까요? 바빙크의 『찬송의 제사』는 이 모든 것을 갖췄습니다. 가슴 속으로 밀고 들어오는 은혜 언약의 파도에 압도당한 후, 머리를 잔잔히 채워주는 신앙고백의 물결을 일일이 헤아리고 나면, 광대한 바다 위에 둥둥 떠다니는 다채로운 삶의 교리를 만납니다. 누군가에는 분명히 인생책이 될 만합니다. 그 누군가가 당신이 되기를 바랍니다.

- 임승민 목사(담장너머교회)

추천사

바빙크는 찬송의 제사를 하나님께 드리자는 의미에서 책 제목을 『찬송의 제사』로 정했습니다. 어떻게 하면 찬송의 제사를 하나님께 온전히 드릴 수 있을까요? 코로나19 감염 사태로 한 국가가 정치와 경제와 국방과 체육 등이 발달했더라도 방역 분야가 낙후하면 국가의 기능이 온전히 발휘되지 않음이 확인되었습니다. 하나님께 드리는 찬송의 제사도 자신의 소견에 따라 자신이 좋아하고 이해하는 방식으로 드리면 안 됩니다. 하나님의 뜻이 기록된 성경이 말하는 내용을 최대한 빠뜨리지 않고 찬송의 제사를 드려야 합니다.

성경의 전체 내용을 이해하기 쉽게 잘 정리한 것이 신앙고백입니다. 대부분의 교회는 주일 예배 중 사도신경으로 신앙을 고백합니다. 짧은 분량임에도 성경의 핵심 내용을 잘 담은 사도신경은 예배 중 짧은 시간에 고백하기에 좋습니다. 하지만 사도신경은 짧은 분량인지라 성경의 많은 내용을 다루지는 못합니다. 이런 경우에는 웨스트민스터 신앙고백, 하이델베르크 요리문답, 도르트 신경, 벨직 신앙고백 등처럼 긴 분량으로 여러 주제들을 다룬 신앙고백들이 유용합니다.

이 책은 신앙고백의 근거, 본질, 내용, 다양성, 상급, 승리 등을 다루며 왜 신앙고백이 하나님께 찬송의 제사를 온전히 드리는 데 중요한지를 말하고 있습니다. 이 책의 원래 부제는 "성찬에 들어가기 전후의 묵상들"이고, 번역서는 "신앙고백과 성례에 대한 묵상"으로 바꾸었습니다. 제가 시무하는 세움교회는 성찬식이 있기 일주일 전에 아래와 같이 주보에 웨스트민스터 대요리문답을 적고 문답을 합니다. 그 내용에 따라 저는 저의 죄가 얼마나 크고 여러 면에서 얼마나 부족한가를 살핍니다. 특히 제게 잘못한 자들을 용서하고 있는지, 아니면 여전히 용서하지 못하여 마음에 빙하를 품고 살지는 않는지 살피려고 노력합니다. 그 덕에 꽝꽝 얼어붙은 마음은 다 녹지는 않더라도 한결 녹아내리며 그리스도를 갈망함이 주는 유익을 누리게 됩니다.

(웨스트민스터 대요리문답)

171문. 성찬 성례를 받으려는 자는 미리 어떻게 준비해야 합니까?

답: 성찬 성례를 받으려는 자는 자신이 그리스도 안에 있는지를 살핌으로써 미리 준비해야 합니다. 또 자신의 죄와 부족함을, 자신의 지식과 믿음과 회개가 진실하고 충분한지를, 하나님과 형제를 사랑하는지를, 모든 이들에게 자비한지를, 자신에게 잘못한 자들을 용서하는지를, 그리스도를 갈망하는지를, 새롭게 순종하는지를 살펴야합니다. 그리고 진지한 묵상과 뜨거운 기도로써 이런 은혜의 실행을 새롭게 함으로써 미리 준비해야 합니다.

저는 지금까지 성찬에 관하여 웨스트민스터 대요리문답처럼 성경이 말하는 핵심을 풍성하게 다룬 것을 잘 찾지 못했습니다. 성찬을 이해하고 그 유익을 누리는 데 신앙고백들이 얼마나 도움을 주는지 모릅니다. 성찬에 들어가기 전후에 무위가를 묵상하고 싶으시다면 자신의 소견을 의지하지 말고, 성경의 전체 내용을 잘 정리한 신앙고백을 도움 삼아 묵상하기 바랍니다. 그러면 예수 그리스도의 생애와 고난과 죽음과 부활과 승천이 주는 유익을 자신이 어떤 면에서 풍성하게 누리고 있지 못한지 알게 될 것입니다. 자신의 신앙의 장단점이 무엇인지 파악하며, 보다 온전히 찬송의 제사를 자신의 삶의 전 영역에서 드리게 될 것입니다. 독자들은 이 책을 덮을 때에 직접 신앙고백을 찾아 읽으며 그 풍성함을 누리는 자신의 모습을 발견하게 될 것이기에 기쁨으로 이 책을 추천합니다.

- 정요석 목사(세움교회)

영역본 역자 서문

네덜란드 대중에게 널리 읽힌 이 묵상집에 대한 호평은 경탄스러울 정도였습니다. 출간 후 한 달 만에 초판이 소진되었고, 그 후로 네 번에 걸쳐 재판되었습니다. 이 영역본은 제5판을 원본으로 삼았는데, 제5판은 기존보다 한 장이 더 늘어난 증보개정판입니다.[1] '주님의 성찬에 참여하기 전후의 묵상'이라는 이 책의 제목은 사도가 그리스도인들에게 전했던 말씀, 히브리서 13장 15절로부터 유래했습니다.

> 그러므로 우리는 예수로 말미암아 항상 찬송의 제사를
> 하나님께 드리자 이는 그 이름을 증언하는 입술의 열매니라

---

1 역자 주: 영역자 존 돌핀이 원본으로 삼은 네덜란드어판은 Herman Bavinck, *De offerande des lofs: overdenkingen vóór en na de toelating tot het Heilige Avondmaal*, Vijfde Herziene en Vermeerderde Druk ('S-Gravenhage: J. C. de Mildt, 1907)이다.

헤르만 바빙크 박사에 대해 잘 모르는 사람들을 위해 잠시 소개하겠습니다. 암스테르담의 자유대학교 교수였던 바빙크 박사는 1854년 12월 13일에 호허페인(Hoogeveen)에서 태어났습니다. 레이든 대학(1878년 4월 3일)과 깜쁜 신학교(1880년 7월 20일)를 졸업했고, 1880년 6월 10일 레이든 대학에서 박사 학위를 취득했습니다. 프라네꺼르에 소재한 기독개혁교회에서 목회자로 부름 받아 1881년 3월 13일부터 1882년 8월 8일까지 교회를 섬겼고, 이후 1883년 1월 10일부터 깜쁜 신학교에서 교수직을 수행했습니다. 1902년 12월 17일에는 암스테르담의 자유대학교에서 교수 취임 연설을 했습니다.

영어로 번역하면서 가능하면 네덜란드어 원문의 의미를 살리려고 노력했지만, 원문 표현과 방식의 독특함을 정제하는 과정에서 때로는 언어의 자연스러움이 희생되기도 했습니다. 이 묵상집이 네덜란드의 신자들에게처럼, 영어권에 있는 독자들에게 도움과 유익이 되기를 기대하고 소망하며 기도합니다.

번역자 존 돌핀

영역본 제2판 서문

새로운 판을 준비하기 위해 이 작은 책을 다시 읽게 되어 진심으로 기쁘고 감사하게 생각합니다. 번역상 여기저기에서 수정이 이루어졌으나 내용은 그대로 유지했습니다.

많은 사랑과 존경을 한 몸에 받았던 이 묵상집의 저자인 헤르만 바빙크 박사는 1921년 7월 29일에 영원한 상급을 받고 안식에 들어갔습니다.

그는 이 땅에서 더 이상 우리와 함께 하지 못하지만, 이 묵상집을 통해 계속해서 우리에게 말할 것입니다.

존 돌핀

한역본 역자 서문

헤르만 바빙크(Herman Bavinck, 1854-1921)와 그의 신학에 대한 오해들이 있습니다. 바빙크의 신학은 지나치게 뜬구름만 잡는 사변적 신학이라거나, 신학보다는 철학 체계를 지나치게 신학 방식의 형상과 질료로 삼았다거나, 교회와 실천과는 상관없는 관념적인 이론 신학이라거나, 지나치게 복잡하고 어려운 논리 구조와 내용으로 점철되어 일반 성도가 도무지 범접할 수 없는 엘리트 신학이라거나, 신앙보다는 이성을 더 앞세우는 후기 계몽주의의 아류라는 비판적 생각들이 바로 그 오해들입니다.

『찬송의 제사』는 이런 오해들을 말끔히 벗겨내는데 가장 효과적인 일조를 감당할 수 있는 책입니다. 이 책은 사변적인 뜬구름을 잡지 않으며, 철학 체계를 신학 방식의 형상과 질료로 삼지도 않으며, 교회와 실천과는 상관 없는 관념적 이론 신학서도 아닐 뿐 아니라, 일반 성도도 얼마든지 접근 가능한 평이한 내용과 구조를 가지고 있고, 이성보다 신앙을 앞세우는 책이기 때문입니다.

『찬송의 제사』는 신앙고백의 본질과 의미, 그리고 그 실천을 교회 언약 공동체의 은혜의 방편인 성례의 의미를 통해 때로는 날카롭고, 때로는 잔잔하게 그려내는 책입니다. 특히 바빙크 특유의 개념적 유기성(organic concept)이 잔뜩 서려 있는 책으로, 바빙크는 열두 개의 장 모두를 신앙고백이라는 주제로 유기적 체계 속에서 엮어냈습니다.

본 한역본은 미국 미시건 무스케곤에 소재한 베다니 기독개혁교회(The Bethany Christian Reformed Church)의 존 돌핀(John Dolfin) 목사가 바빙크의 네덜란드어 제5판[1]을 영어로 번역한 영역본의 제2판[2]을 원본으로 삼아 번역했습니다.

사실 네덜란드어 원문의 부제는 '성만찬에 들어가기 전후의 묵상들'(*overdenkingen voor en na de toelating tot het Heilige Avondmaal*, 영역본 부제는 *Meditations Before and After*

---

[1] Herman Bavinck, *De offerande des lofs: overdenkingen vóór en na de toelating tot het Heilige Avondmaal*, Vijfde Herziene en Vermeerderde Druk ('S-Gravenhage: J. C. de Mildt, 1907).

[2] Herman Bavinck, *The Sacrifice of Praise: Meditations Before and After Receiving Access to the Table of the Lord*, trans. John Dolfin, 2nd ed. (Grand Rapids: Louis Kregel, 1922).

Receiving Access to the Table of the Lord) 정도로 번역할 수 있는데, 한역본의 부제는 '신앙고백과 성례에 대한 묵상'으로 수정했습니다. 그 이유는 본서 전반에 걸쳐 등장하는 핵심 주제가 성만찬에만 제한되지 않고, 오히려 신앙고백과 성례(성찬과 세례) 전반에 대한 내용을 담고 있기 때문입니다. 특히 이 책의 핵심 주제는 '신앙고백'이기 때문에 역자로서 가능하면 그 핵심 주제를 책 제목에 담고 싶은 열망과 의도로 부제를 살짝 수정한 것에 대해 독자 여러분의 너그러운 이해를 부탁드립니다.

본서의 네덜란드어 원문과 영어 원문에는 각주가 전혀 없습니다. 하지만 한역서에는 각주를 많이 추가했는데, 각주의 내용은 크게 두 가지입니다. 첫째, 본문에는 없는 성경구절을 명시했습니다. 바빙크는 성경 구절을 인용할 때 인용부호를 달지 않거나, 혹은 성경 표현의 일부분만 차용해 문장을 기술했습니다. 그러므로 본문에서 인용부호 없이 인용한 성경 구절과 성경 표현을 다른 말로 바꿔서(paraphrasing) 차용한 문장에 함의된 성경 구절을 각주에 명시했습니다. 둘째, 본문에 나타난 주요 핵심 신학 주제나 개념들을 짧게 설명했습니다. 이는 특별히 이 책을 읽는 일반 성도들의 이해를 돕기 위한 것으로, 핵심 개념을 놓치지 않고 논지를 읽어 내려갔으면 하는 역자의 작은 바람의 표현입니다. 이 각주들은 '역자 주'라는 표현과 더불어 기술했습니다.

바빙크의 글을 읽고, 번역하고, 분석하고, 연구하고, 누리는 일은 참으로 기쁘고 즐거운 일입니다. 특히 신앙고백의 의미가 날이 갈수록 퇴색되고 변질되는 작금의 안타까운 교회 공동체 상황 가운데서 『찬송의 제사』는 한 줌의 강력한 빛이요 소중한 희망입니다.

『찬송의 제사』를 통해 성례 속에서 신앙고백의 유익을 한껏 누리는 우리 모두가 되기를 진심으로 바랍니다. 이 책을 통해 굳건한 신앙고백 위에서 성례의 잔치가 즐겁게 펼쳐질 교회의 앞날을 기대하게 하시고 참으로 거룩한 흥분감을 가득 채워주신 우리 하나님께 합당한 감사와 영광을 돌립니다.

박재은

서론

일 년이 채 지나지도 않아 칼빈주의의 충실하고도 학구적인 해석자들이 영원한 안식으로 들어갔습니다. 카이퍼, 워필드, 바빙크의 이 땅에서의 삶이 연이어 마침표를 찍었습니다. 그들의 고귀한 신학 작업은 끝났고, 그들은 비로소 영원한 안식으로 들어갔습니다. 비록 거대한 바다가 미국 신학자 워필드와 유럽 대륙의 존경받는 동료들 사이를 갈라놓긴 했지만, 그들은 여전히 하나의 소망과 교리, 그리고 하나의 관용 안에 묶여 있습니다. 칼빈주의는 어떤 한 국가나 언어에만 제한적으로 적용되지 않습니다. 지혜와 지식의 영으로 충만했던 그들의 죽음 앞에 서 있는 교회는 이 가혹하고도 회복하기 힘든 상실을 견뎌내고 있습니다. 일등성(星)이 빛을 잃을 때, 하늘의 밝기의 강도도 줄어들 수밖에 없으며, 그 후 어두움의 두려움이 엄습하게 될 것은 자연스러운 일입니다.

하지만 이런 두려움이 만연해지면 안 됩니다. 우리에게는 빛을 잃지 않는 하나님의 말씀이 있습니다. 우리는 예수 그리스도의 교회 안에 역사하시는 성령 하나님의 지속적인 함께 하심에 의존해야 합니다. 게다가 놀라운 일을 했던 하나님의 사람들이 말로 형언할 수 없는 가치를 지닌 유산을 우리에게 남겼습니다. 그들은 유명을 달리했지만, 여전히 우리에게 말씀하고 있습니다. 그들이 남긴 기록들은 그들의 고유한 목소리로 우리에게 친숙한 소리를 만들어내고 있으며, 선조들의 신앙을 사랑하는 모든 사람에게 들리는 음악이 되었습니다.

학식이 뛰어났던 이들이 남긴, 값을 매길 수 없는 작품들을 보존하는 것이야말로 하나님과 사람 앞에서 우리가 반드시 해야 할 첫 번째 의무입니다. 하나님의 배려 깊은 섭리로 인해 우리의 위대한 신학자들의 작품들이 단순히 보존되고 있을 뿐 아니라, 동시에 번역까지 되고 있습니다. 네덜란드어로 된 작품들을 영어로 번역해야 하는 필수성은 현재 우리 교회의 젊은이들의 상황을 통해 볼 때 더욱 더 명백해집니다. 현재의 개탄스러운 상황은 젊은이들 가운데 소수만이 모국어로 된 책에 접근 가능하다는 점입니다. 개혁신앙의 근본 토대들이 그들의 마음과 삶에 영구적으로 자리 잡도록 만드는 일은 반드시 해야 할 일입니다. 그러므로 그들이 이해할 수 있도록 장엄한 옛 진리들을 영어로 번역하는 일은 반드시 필요한 일입니다.

이 저명한 신학자들이 자신들을 제한시켜 목회자들을 위한 전문적인 책만을 배타적으로 남기지 않았다는 사실과, 교회의 일반 성도들을 위해서도 작은 보석들을 직접적으로 남겼다는 사실이 얼마나 흐뭇한지요. 카이퍼의 『하나님께 가까이』(To Be Near Unto God)[3]나 워필드의 『세상의 구원자』(The Savior of the World)는 수많은 신자들에게 읽혔습니다. 이 책들과 함께 기독개혁교회(the Christian Reformed Church)의 존 돌핀(John Dolfin) 목사가 번역한 바빙크 박사의 『찬송의 제사』(The Sacrifice of Praise)도 호평을 받고 있습니다. 벌써 제2판이 필요한 현 상황은 우리에게 전혀 놀라운 상황이 아닙니다. 젊은이들이 그리스도를 자신들의 주인, 구세주로 고백하는 한 이 책의 재판은 계속 필요할 것입니다.

『찬송의 제사』 제2판을 주의 깊게 개정하는 작업은 우리 교회들뿐만 아니라 특별히 미국의 개혁 교회에게도 겸손하고도 행복한 작업입니다. 우리가 이 작업을 매우 기꺼이 할 수 있는 이유는 헤르만 바빙크 박사가 현재 개혁신학자들 중에서 왕자라는 것을 하나님의 은혜 가운데 개인적으로 확신하기 때문입니

---

[3] 역자 주: 한글 번역본은 아브라함 카이퍼, 『하나님께 가까이』, 세계기독교고전 13 아브라함 카이퍼의 경건 명상록, 정성구 역 (파주: CH북스, 2015)이다.

다. 위에서 언급했던 세 분 가운데서도 바빙크 박사는 생각의 깊이와 정확한 연구에 있어서는 이견 없이 첫 번째 위치를 차지하는 신학자입니다. 바빙크의 학문적 성과는 실제로 독보적인데, 그의 『개혁 교의학』(Reformed Dogmatics)과 다른 작품들 속에 드러난 엄청난 양의 인용과 각주가 바로 그것을 증명합니다.

이 책은 실천적 성격이 강한 책입니다. 이 책의 열두 개 장의 제목은 "신앙고백"(Confession)입니다. 한 가지 단언할 수 있는 사실은 현재 교회 가운데 그리스도에 대한 신앙고백이 심각하게 오해되고 있다는 점입니다. 목회자들과 장로들은 다음과 같은 질문들을 자주 듣습니다. "공개적으로 신앙을 고백하는 것이 정말로 필요한 일인가요? 왜 이런 신앙고백의 순서를 밟아야 하죠? 그리스도를 고백한다는 건 무슨 뜻인가요? 세례와 성찬 사이의 관계는 무엇인가요? 한 개인이 교회와 반드시 연합해야 한다는 것은 하나님께서 명하신 것인가요? 진심 어린 신앙고백을 한 자는 어떤 보상을 기대할 수 있을까요?" 이 책의 저자인 바빙크 박사는 이런 질문들에 대해 선명하고도 성경적인 언어로 답해줍니다. 이 책 전반에 걸쳐 은혜 언약의 근본적인 중요성이 은혜 언약이 수반하는 약속들, 조건들, 축복들과 더불어 선명하게 개진됩니다. 한마디로 말하면, 『찬송의 제사』는 그리스도를 고백하는 주제에 관한 대작이며, 교회의 회원으로서 성만찬을 통해 교회와 연합하고자 하는 분들에게 가르침과 위로를 모두 주는 책입니다. 이 책은 그 자체로 독특한 특징을 가지고 있기 때문에, 치리회들은 이 책을 충분히 구입해 신앙을 고백하기 전의 모든 사람에게 제공하는 것도 좋을 것입니다.

성령 하나님께서 "항상 찬송의 제사를 하나님께 드리는" 세례 받은 우리의 젊은 남녀들의 삶의 여정 가운데 이 책과 더불어 역사하시기를 소망합니다.

존 보벤커크
제1개혁교회 목사, 무스케곤, 미시건
1921년 12월 15일

1장

신앙고백의 근거와 기초

1장
신앙고백의 근거와 기초

> 내가 내 언약을 나와 너 및 네 대대 후손 사이에 세워서
> 영원한 언약을 삼고 너와 네 후손의 하나님이 되리라
>
> 창세기 17장 7절

은혜 언약은 하나님의 영원한 자비 안에 확고하고도 변치 않게 단단히 놓여 있습니다.

하나님은 타락 전에 맺어진 첫 번째 언약 안에서 인간에게 완전한 순종을 요구하셨고, 이 명령을 완전하게 성취한 후에만 비로소 영생과 하늘의 구원을 주시리라 약속하셨습니다. 그러므로 이 첫 번째 언약은 인간의 **의지**와 **행위**에 관련된 것이었는데, 이것이 인간 손에 맡겨졌기 때문에 불확실하며 깨질 수 있는 언

약이었습니다.[1]

하지만 어머니의 보살핌 같은 약속으로 최초 공표되었던 은 혜 언약은 오직 하나님의 은혜의 성품 안에 그 근거와 보증을 두고 있습니다. 비록 이 약속 안에 언약이라는 단어가 등장하지는 않지만, 언약의 중요한 의미와 내용은 이 약속 안에 완전히 포함되어 있습니다. 하나님께서는 인간이 불순종의 죄를 지어 타락함으로 사탄과 친구의 관계를 맺기 전부터 개입하셔서 인간과 사탄 사이에 적의(敵意)를 두셨고, 여자의 후손을 통해 다시 한 번 인간을 자신의 편으로 이끄셨기 때문입니다. 이처럼 은혜 언약은 전적으로 하나님으로부터 나왔고, 하나님 자신께서 주관하신 언약입니다. 그러므로 은혜 언약은 사람에게 달려 있지 않을 뿐 아니라, 인간의 의지나 행위에 어떤 방식으로도 의존하지 않습니다. 은혜 언약은 하나님 자신이 그러하듯이 영원하고, 불변하며, 확고한 언약입니다. 산들이 떠나며 언덕들은 옮겨질지라도 하나님의 자비는 우리에게서 떠나지 아니하

---

[1] 역자 주: 바빙크가 여기서 말하는 첫 번째 언약은 소위 행위언약(the covenant of works)이라고 명명하는 언약을 지칭한다. 행위언약은 ① 하나님과 인간 사이의 창조주-피조물 관계성에 근거해 맺어진 언약이며(언약 당사자), ② 순종할 경우 영생을 누리지만, 불순종할 경우 정녕 죽을 것이라는 내용으로 구성되며(언약의 내용), ③ 순종의 명령은 에덴 동산 각종 나무의 열매는 임의로 먹어도 괜찮지만(창 2:16), 선악을 알게 하는 나무는 먹지 말아야 할(창 2:17) 조건을 가지고 있는 언약이다(언약의 조건).

며, 화평의 언약은 흔들리지 않는다고 우리를 긍휼히 여기시는 여호와께서 말씀하셨기 때문입니다[사 54:10].[2]

하나님은 은혜 언약 안에서 처음과 나중이시고, 시작과 마침이시며, 알파와 오메가이십니다. 은혜 언약은 구원의 전체 사역이 하나님의 절대 주권에 달려 있음을 가장 탁월하게 지지합니다. 태초부터 종말에 이르기까지, 그 어떤 인간도 이 언약에 개입하거나 이를 주도하지 못합니다. 구원은 특별히 하나님의 사역, 즉 성부와 성자와 성령의 사역이므로 이 은혜 언약 안에서 인간의 그 어떤 자랑도 제거되고, 모든 영광과 존귀는 모든 것의 창조주이시고 만물을 새롭게 하시는 하나님께만 완전하고도 유일하게 드려져야 합니다.

이런 이유로 은혜 언약은 완전히 순결한 은혜의 언약입니다. 은혜 언약은 은혜의 신적 속성을 그 기원으로 삼고, 은혜로 주어진 선물들로 그 내용을 이루며, 은혜로 말미암는 영화를 그

---

[2] [사 54:10] 산들이 떠나며 언덕들은 옮겨질지라도 나의 자비는 네게서 떠나지 아니하며 나의 화평의 언약은 흔들리지 아니하리라 너를 긍휼히 여기시는 여호와께서 말씀하셨느니라 (역자 주: 바빙크는 본서 전반에 걸쳐 성경 구절을 인용부호를 사용하여 인용하지 않는다. 때로는 인용부호 없이 성경을 그대로 인용할 때도 있고, 때로는 특정 성경 구절 내용을 중심으로 다른 말로 환원하여 표현하기도 한다(paraphrasing). 바빙크가 인용부호 없이 성경 구절을 여러 가지 방식으로 인용하는 이유를 가늠해보자면, 아마도 독자들에게 물 흐르듯이 자신의 논지를 자연스럽게 펼치기 위함이 아닐까 생각해본다.)

의미와 목적으로 삼습니다.

질서가 잘 잡혀 있는 영원한 언약을 맺으신 분은 하나님이십니다. 죄로 말미암아 자기 자신을 하나님으로부터 분리시킨 인간에게 이 언약을 허락하신 분도 하나님이십니다. 인간이 이 언약의 모든 혜택과 유익을 받아 누리게 하시고, 이 언약에 따라 살아가게 하시며, 이 언약을 통해 하늘의 영광으로 인도하시는 분도 바로 하나님이십니다.

이 언약은 매우 견고하기 때문에 성경은 우리에게 굳이 증명하려 하지 않습니다. 은혜 언약은 상호 계약이 아닙니다. 은혜 언약은 양 당사자들 사이의 충분한 논의나 숙고 후에 상호 동의하여 맺는 합의가 아닙니다. 은혜 언약은 제도이며, 하나님의 은혜로운 성품이자 그리스도 안에서 주어지는 선물입니다. 아버지께서 나라를 내게[그리스도께] 맡기신 것 같이 나도[그리스도도] 너희에게[우리에게] 나라를 맡기십니다[눅 22:29].³

유언이나 증언처럼 거저 주어지는 유산의 형식으로, 은혜 언약의 신적인 복은 우리의 의지와 상관없이 우리에게 임합니다. 은혜 언약이야말로 변함도 없으시고 회전하는 그림자도 없으

---

3 [눅 22:29] 내 아버지께서 나라를 내게 맡기신 것 같이 나도 너희에게 맡겨

신 빛들의 아버지로부터 내려오는[약 1:17],[4] 하늘로부터 우리에게 다가오는 가장 고귀하고 완전한 선물입니다.

이제 이 자유롭고 영원한 언약으로 주어진 복이 어떤 내용인지 살펴보길 바랍니다. 언약의 내용은 영적이기도 하고 물질적이기도 하며, 신령하기도 하고 세속적이기도 하고, 영원하기도 하고 일시적이기도 한 복의 충만함을 모두 이루고 있습니다.[5] 완성된 은혜 언약 안에는 인간을 위한 구원의 충만함, 복의 근원, 생명의 샘이 열리게 됩니다. 하나의 은혜가 다른 은혜에 공간을 마련해주고, 이 하나의 은혜는 공간이 마련된 다른 새로운 은혜를 통해 대체됩니다. 진실로 우리는 그리스도의 충만함으로 인해 은혜 위에 은혜를 받습니다.

영적인 혜택과 유익은 인간이 은혜 언약의 수혜자가 되어 첫 번째로 받아 누리게 될 것들입니다. 모든 것에 앞서 계시고 그 위에 계신 그리스도께서 잃어버린 자들을 찾아 구원하시기 위

---

4 [약 1:17] 온갖 좋은 은사와 온전한 선물이 다 위로부터 빛들의 아버지께로부터 내려오나니 그는 변함도 없으시고 회전하는 그림자도 없으시니라

5 역자 주: 바빙크의 신학적 특징이 고스란히 드러나고 있는 표현이다. 바빙크는 반립 테제(anti-thesis)를 날카롭게 세우며 신학을 전개하는 신학자가 아니다. 오히려 바빙크는 각 테제 사이의 유기적 균형과 상호 관계성에 더 큰 관심을 기울이며 신학을 전개한다. 이는 이후에도 지속적으로 등장할 '통일성 안에서의 다양성, 다양성 안에서의 통일성'이라는 테제 안에서도 선명히 드러나는 원리이다.

해 이 땅에 오셨기 때문입니다[눅 19:10].⁶ 그리스도는 사회 개혁자로, 정치적 지도자로, 예술가나 철학자로 오지 않으셨습니다. 그리스도는 **구원자**로 오셨습니다. 이것이 그의 **이름**과 **직무**입니다. 이를 위해 성부께서 그 분에게 자신의 영으로 기름 부으시고 가난한 자에게 아름다운 소식을 전하게 하고, 마음이 상한 자를 고치시고, 포로된 자에게 자유를, 갇힌 자에게 놓임을 선포하며 여호와의 은혜의 해를 선포하게 하셨습니다[사 61:1-2; 눅 4:18-19].⁷

그러므로 그 어떤 것들보다도 이 영적인 복은 하늘에 계신 우리 주 예수 그리스도의 아버지를 통해 교회에 주어졌습니다. 그리스도와의 교제 안에서 죄의 용서와 중생, 믿음과 회심, 성화와 견인의 복은 신자들의 몫이 되었습니다. 신자들의 의식과 존재, 상태와 태도는 모두 그리스도의 영을 통해 새롭게 되었습니다. 신자들은 자신들 안에 거하는 성령을 통해 다른 사람이 되고, 땅에 속한 자들이 아니라 하늘에 속한 자들이 되었습니다.

---

6 [눅 19:10] 인자가 온 것은 잃어버린 자를 찾아 구원하려 함이니라

7 [눅 4:18-19] 주의 성령이 내게 임하셨으니 이는 가난한 자에게 복음을 전하게 하시려고 내게 기름을 부으시고 나를 보내사 포로된 자에게 자유를, 눈 먼 자에게 다시 보게 함을 전파하며 눌린자를 자유롭게 하고 주의 은혜의 해를 전파하게 하려 하심이라 하였더라

그들은 하나님을 통해 태어나 하나님의 자녀로 인정받았으며, 하늘의 신령한 기업을 상속받기로 예정되었습니다. 신자들에게 옛 것은 지나갔으며, 모든 것은 새 것이 되었습니다[고후 5:17].[8]

　이런 영적이고 영원한 복들은 이 땅의 일시적인 복들과 함께 주어집니다. 하늘과 땅, 영적인 것과 물질적인 것, 영혼과 육체는 서로 완전히 구별되기도 하지만, 분명히 밀접하게 연결되어 있습니다. 우리는 구약 성경의 예언들 속에 계시된 미래의 영광스러운 그림을 통해 이스라엘이 거룩한 나라가 될 것과, 주 하나님께서 스스로 이스라엘과 영원한 혼인 관계를 맺으셨다는 것, 하나님께서 모든 부정함으로부터 이스라엘을 깨끗하게 하시고 그들에게 새로운 마음을 주실 것을 보게 됩니다. 뿐만 아니라 다윗의 가문으로부터 평화의 왕이 나오셔서 이스라엘이 평화 가운데 살며 전에 경험하지 못했던 번영과 땅의 보기 드문 비옥함과 결실을 누리게 될 것을 보게 됩니다.

　신약성경 역시 육적인 복을 영적인 복과 연결합니다. 그럼에도 불구하고 강조점은 분명히 육적인 복보다는 영적인 복에 있습니다. **첫째**, 자신의 의로움보다 하나님의 나라와 그 의를 먼저

8　[고후 5:17] 그런즉 누구든지 그리스도 안에 있으면 새로운 피조물이라 이전 것은 지나갔으니 보라 새 것이 되었도다

구해야 하며, 이미 이 땅에 임한 하나님 나라는[9] 그리스도의 복음을 믿어 참되고 깊이 통회하는 마음으로 하나님께 돌아가는 자들의 몫이 되었습니다. 그 이유는 하나님 나라가 먹는 것과 마시는 것이 아니라 오직 성령 안에 있는 의로움과 기쁨과 평강으로 가장 먼저 마음속에 세워지는 것이기 때문입니다[롬 14:17].[10]

값진 진주와 같은 하나님 나라를 찾아 발견한 사람은 이후에 다른 것들도 함께 받게 됩니다. 이런 사람은 내일 일을 더 이상 염려할 필요가 없습니다. 이방인들은 불안감에 휩싸여 무엇을 먹을까 무엇을 마실까 무엇을 입을까 걱정하지만[마 6:34],[11] 하늘에 계신 아버지는 우리에게 필요한 모든 것을 다 아시는 분입니다. 자기 아들을 아끼지 않으시고 우리의 죄책을 위해 독생자까지도 주신 그 분은 이와 함께 모든 것들을 우리에게 주십니다[마

---

9 역자 주: 바빙크는 본서 전반에 걸쳐 '이미, 그러나 아직 아니'(already, but not yet)의 거시적 구도 가운데서 논지를 전개한다. 즉 바빙크는 종말론적 관점 속에서 신앙고백의 근거와 기초, 내용, 본질, 속성 등이 이미 그리스도를 통해 세워졌지만, 아직 완성된 것은 아니라고 전개하며, 그리스도의 재림에 근거한 회복과 갱신에 종말론적 가치를 강하게 두고 있다(Cf. 본서 12장 '신앙고백의 승리'를 살펴보라).

10 [롬 14:17] 하나님의 나라는 먹는 것과 마시는 것이 아니요 오직 성령 안에 있는 의와 평강과 희락이라

11 [마 6:34] 그러므로 내일 일을 위하여 염려하지 말라 내일 일은 내일이 염려할 것이요 한 날의 괴로움은 그 날로 족하니라

6:32].**¹²** 우리의 머리털까지도 다 세시는 하나님께서는 우리의 먹을 것과 마실 것을 확실히 책임지십니다[마 10:30; 눅 12:7].**¹³** 예수를 따르는 사람은 정말로 모든 것을 버려야 하지만, 이 땅에서 부모와 형제 자매, 친구들과 기업을 얻을 뿐 아니라, 장차 영생도 얻게 될 것입니다[마 19:29].**¹⁴** 그러므로 자족을 동반한 신앙은 현재와 미래의 삶에 대한 약속이며, 모든 일에 유익이 되는 큰 선물입니다.

은혜 언약의 모든 선물과 유익은 하나님께서 우리의 하나님이 되시며, 우리 후손의 하나님도 되실 것이라는 **하나의** 위대한 약속과 연합되어 있습니다. 구원의 선포는 아담의 타락 이후 하나님께서 다시 인간을 찾으시고, 사탄과 인간이 원수가 되게 하시어 그 사이의 친밀함을 깨부수어 버리시며, 다시 인간을 자신과의 교제와 친밀한 연합의 자리로 불러들이셨을 때 이 약속과 더불어 시작되었습니다. 아브라함과 맺으신 언약의 머리되신

---

12   [마 6:32] 이는 다 이방인들이 구하는 것이라 너희 하늘 아버지께서 이 모든 것이 너희에게 있어야 할 줄을 아시느니라

13   [눅 12:7] 너희에게는 심지어 머리털까지도 다 세신 바 되었나니 두려워하지 말라 너희는 많은 참새보다 더 귀하니라

14   [마 19:29] 또 내 이름을 위하여 집이나 형제나 자매나 부모나 자식이나 전토를 버린 자마다 여러 배를 받고 또 영생을 상속하리라

분께 서 있는 이 약속은 이스라엘에게 주어진 율법 너머에서 빛나며, 구약 시대 속에서 은혜 언약 체계의 주요 내용을 구성합니다. 경건한 자들은 비록 온갖 필요와 좌절, 비참한 가운데 있더라도 이 약속 가운데서 자신들의 구원과 위로를 발견합니다. 그들에게는 하나님 외에 그 누구도 하늘에 없으며, 그들이 이 땅에서 바라는 것은 하나님 외에는 없습니다[시 73:25].[15] 하나님은 그들의 영혼의 힘이며 영원한 분깃입니다[시 73:26].[16] 이스라엘이 하나님을 버렸을 때도 이 은혜 언약이 그들에게 위로를 주었고, 하나님은 여전히 그들의 하나님으로 남으셨으며, 흩어진 그들을 다시 불러 모아, 때가 차매 그들과 새로운 언약을 맺으시고, 이 언약 가운데서 이스라엘은 하나님의 백성이 되고 하나님은 그들의 하나님이 되도록 하셨습니다.

  이 은혜 언약은 신약성경에까지 이어집니다. 하나님께서 그리스도의 하나님이셨고 그리스도께서는 하나님께 사랑받는 독생자였기 때문에, 이 은혜 언약은 가장 끔찍한 재판과 가장 혹독한 유혹, 그리고 겟세마네의 고투와 십자가의 고통 가운데서

---

15 [시 73:25] 하늘에서는 주 외에 누가 내게 있으리요 땅에서는 주 밖에 내가 사모할 이 없나이다

16 [시 73:26] 내 육체와 마음은 쇠약하나 하나님은 내 마음의 반석이시요 영원한 분깃이시라

도 그리스도 안에서 성취되었고 유지되었습니다. 은혜 언약은 이스라엘을 대신한 교회에서 성취되었고, 임마누엘의 영광으로 우리와 함께 하시는 하나님은 교회를 그의 백성으로 받아들이셨습니다. 은혜 언약은 새 예루살렘이 하늘의 하나님으로부터 내려오고 하나님의 성막이 사람들과 함께 할 때 완전히 실현될 것이며, 하나님께서는 자신의 백성들과 더불어 거하실 것입니다.

하나님 자신보다 더 위대한 선물이 무엇이겠습니까? 하나님께서 하나님 자신 외에 무엇을 더 주실 수 있겠습니까? 하나님의 모든 선과 완전함, 그의 은혜와 지혜, 그의 의로움과 권세, 그의 불변함과 신실함이 곧 하나님 자신이 아니겠습니까? 만일 하나님께서 우리를 위하시면 그 누가 감히 우리를 대적할 수 있겠습니까[롬 8:31]?[17] 무엇이 우리에게 올 수 있으며, 무엇이 우리를 막을 수 있습니까[살전 2:18]?[18] 하나님은 필연적인 멸망 가운데

---

17 [롬 8:31] 그런즉 이 일에 대하여 우리가 무슨 말 하리요 만일 하나님이 우리를 위하시면 누가 우리를 대적하리요 (역자 주: 바빙크는 자신의 『계시 철학』에서도 하나님과 하나님의 계시를 믿는 믿음이야말로 그 누구도 대적할 수 없는 믿음이라는 맥락에서 롬 8:31 말씀을 즐겨 인용한다. 헤르만 바빙크, 『계시 철학: 개정·확장·해제본』, 코리 브록·나다니엘 수탄토 편, 박재은 역·해제 (군포: 다함, 2019), 227을 참고하라).

18 [살전 2:18] 그러므로 나 바울은 한번 두번 너희에게 가고자 하였으나 사탄이 우리를 막았도다

서도, 살아 있을 때나 죽어 있을 때에도, 시간과 영원 가운데서도 영원히 존재하시며 우리의 소유로 남아 계십니다. 하나님은 죽은 자의 하나님이 아니요 살아있는 자의 하나님이십니다[마 22:32; 막 12:27; 눅 20:38].[19] 복 있는 사람은 바로 하나님을 주(主)로 둔 사람입니다[시 33:12]![20]

게다가 이 약속은 하나님께서 자기 자신을 우리와 묶어 하나님께서 우리의 하나님이 되실 뿐 아니라 **우리 후손**의 하나님도 되실 것을 기억할 때 더욱 풍성해집니다.[21] 만약 하나님께서 서로 아무런 관계도 없는 소수의 사람들에게만 자신과의 친교와 교제를 허락하셨다면, 모든 세대를 고려하지 않고 자기 마음대로 구원을 베푸셨다면, 모든 역사를 통틀어 그 분이 선택한 자들은 육체적으로 모두 실패했을 것입니다. 그렇기에 이 약속은 위대한 것입니다. 하지만 주 하나님은 자기 마음대로 구원을 베풀지 않으셨습니다. 하나님은 자신의 언약을 머리이신 그리스

---

19 [막 12:27] 하나님은 죽은 자의 하나님이 아니요 산 자의 하나님이시라 너희가 크게 오해하였도다 하시니라

20 [시 33:12] 여호와를 자기 하나님으로 삼은 나라 곧 하나님의 기업으로 선택된 백성은 복이 있도다

21 역자 주: 바빙크가 지속적으로 '우리 후손의 하나님'이라는 표현을 쓰는 이유는 성례의 언약적 내용에 대해 다음 장부터 본격적으로 설명하기 전 성례에 참여하는 자녀들이 가진 '언약적 자손'이라는 속성의 중요성을 내비치기 위함이다.

도 안에서 먼저는 아담과, 후에는 모든 믿는 자의 아버지인 아브라함과 더불어 사람과 함께 유기적으로 맺으셨습니다. 하나님께서는 자신의 은혜 가운데 세대들의 대(代)를 따르십니다. 재창조의 과정에서 하나님은 그 언약을 따라 스스로를 창조세계와 연결하십니다. 하나님께서는 언약의 방식으로 선택하시는 분이십니다. 모든 자비의 아버지이시며 자신이 창조한 모든 것의 아버지이신 하나님은 스스로 놓으신 길을 따라 걸으시는 분입니다. 그러므로 이런 관점에서 은혜 언약은 영원할 뿐만 아니라, 역사 속에서 세대와 세대에 거쳐 대대로 진행되며, 결코 중단되지 않습니다. 은혜는 타락 이후 시작되어 인간의 역사 속에서 스스로 기반을 마련하고, 영원을 향해 흐르는 시냇물입니다. 이 언약은 여러 세대를 통과하며 다양한 모습으로 드러났지만, 그럼에도 불구하고 하나님의 전능하신 권세를 통해 이 세상에서 사라지지 않았고, 인류에게 파괴될 수 없는 선(善)이 되었습니다.

이 언약에는 강직한 특징이 서려 있습니다. 우리가 알다시피 모든 언약은 두 부분으로 이루어집니다. 첫째, 하나님께서는 언약 안에서 스스로를 우리에게 주십니다. 우리는 이 사실로 인해 하나님께 새로운 순종, 즉 유일하신 하나님이 성부, 성자, 성령이심을 믿고 우리의 마음과 영혼과 뜻과 힘을 다해 하나님을 의지하고 사랑하라는 권면을 받게 됩니다. 또한 세상을 버리고, 우리의 옛 본성을 십자가에 못 박고, 새롭고 거룩한 삶을 살아야 합니다. 하나님께서 자기 자신을 우리에게 주실 때, 하나님은 우리 또한 우리 자신을 하나님께 온전히 선적으로 드리며, 우리의 영혼과 몸, 힘과 은사, 물질과 소유, 우리의 자녀와 자손들도 함께 드리기를 원하십니다.[22] 특히 주 하나님의 유산이며 하나님께서 베푸신 이 땅에서의 복 중 가장 귀한 우리의 자녀들도 반드시 하나님의 소유가 되어야 합니다. 우리가 하나님의 소유이기 때문에 그들도 하나님께 속해 있어야 합니다.

그럼에도 불구하고 하나님께서 이 언약 속에서 우리가 자녀들과 더불어 하나님을 섬기기를 요구하실 때, 하나님은 우리와 우리의 자녀들에게 먼저 찾아가셔서 자신의 은혜의 풍성함으로 영화롭게 하셨습니다. 아담과 노아, 아브라함과 이스라엘을 자신과의 교제 안으로 부르셨을 때도 하나님은 먼저 찾아가셨고, 그들의 자녀들을 자신의 언약으로 받아들이실 때도 먼저 찾아가셨습니다. "내가 내 언약을 나와 너 및 네 대대 후손 사이

---

[22] 역자 주: 이런 측면에서 바빙크의 언약론은 하나님의 주권과 인간의 책임·역할의 관점에서 볼 때 균형 잡혀있다. 하나님의 주권만을 지나치게 강조하면 하이퍼 칼빈주의 형식의 언약론이 싹틀 수 있고, 반대로 인간의 책임·역할만을 지나치게 강조하면 신율법주의 형식의 언약론이 싹틀 수 있다. 바빙크는 이 양극단의 신학적 위험성을 인지하고 양극단 사이에서 신학적 균형을 잡기 위해 노력한다.

에 세워서 영원한 언약을 삼고 너와 네 후손의 하나님이 되리라"[창 17:7] 그러므로 이 약속은 하나님이 각 세대의 택자들에게 자기 자신을 묶으신다는 약속입니다. 우리 자녀들이 태어나기도 전에, 그들이 선한 일이나 악한 일을 행하기도 전에, 하나님께서는 자신의 자유롭고 전능한 뜻을 따라 다음과 같이 말씀하셨습니다. "내가 긍휼히 여길 자를 긍휼히 여기고, 불쌍히 여길 자를 불쌍히 여기리라"[롬 9:14]

우리의 자녀들은 우리가 그들을 주 하나님께 구별하여 드렸기 때문에 은혜 언약 안으로 들어가는 것이 아닙니다. 우리의 자녀들이 어떤 공로나 선을 행하거나 하나님이 받을만한 가치가 있기 때문에 은혜 언약 안으로 들어가는 것도 아닙니다. 그들은 하나님의 약속의 신실하심을 따라 언약 안으로 들어가게 된 것입니다. 우리의 자녀들은 은혜 언약 안에서 태어났고, 그들의 존재의 첫 시작부터 그 언약 안에 거하게 되었습니다. 이는 그들의 본성이 아니라 은혜로 된 것인데, 하나님께서 신자들과 그 후손들의 하나님이 되시기 위해 자기 자신을 묶으셨기 때문입니다.

영적인 세계에서도 이 세상과 같은 법이 다스립니다. 우리 모두는 하늘과 땅의 창조주시며, 전능하신 하나님으로부터 온 우리의 부모님을 통해 받은 생명을 누립니다. 하지만 우리가 생명을 소유한다는 말은 사실 옳지 않습니다. 우리는 우리 스스로에게 생명을 준 적이 없고 물려받지도 않았습니다. 심지어 우리는 우리의 죄책으로 말미암아 그 생명을 박탈당했습니다. 이 생명은 절대적인 의미의 선물인데, 하나님의 특별은총이 아닌, 일반은총으로 주어진 선물입니다. 우리는 이 생명을 임신과 출산을 통해 얻게 되는데, 이런 의미에서 우리는 완전히 수동적인 존재들입니다. 우리는 우리의 의식과 의지와 상관없이 풍성한 선물들로 가득 찬 이 세상에 존재하게 되었고, 우리의 조상들과 선조들의 장엄한 유산 안에 거하게 되었습니다. 우리는 그들의 어깨 위에 서서 그들이 이마에 땀 흘려 수고하여 이룬 것들을 함께 누리고 있습니다.

이 모든 것은 사실이며, 여전히 강력한 방식으로 은혜 언약의 영적인 선물들에 적용되고 있습니다. 예를 들면, 우리가 처음 얼마 동안은 은혜 언약 밖에서, 혹은 은혜 언약 없이 헤매다가 우리의 자유 의지의 행위를 통해 믿음을 가지고 회심을 해서 은혜 언약 안으로 들어간다는 주장은 사실이 아닙니다. 믿음과 회심은 은혜 언약 안으로 들어가는 조건이 아니라 그리스도와의 교제와 교통에 참여하게 하고, 그리스도의 공로를 누리도록 해주는 언약의 유익들입니다.

이 모든 선물, 즉 죄용서와 회복, 거룩과 영화의 선물들은 자신의 피값으로 우리를 사고 우리에게 그 공로를 베푸신 중보자를 통해서 우리에게 옵니다. 이 선물들은 우리가 그리스도의 인격에 참여할 때에만 비로소 우리의 몫이 됩니다. 그리스도와의 신비로운 연합은 모든 공로와 유익보다 앞서며, 믿음과 회심을 통해 가장 먼저 드러납니다.[23] 우리가 태어날 때 생명이 자연스럽게 주어진 후 우리의 마음과 의지의 행동들 가운데 자연스럽게 드러나는 것처럼, 영적인 생명도 중생 혹은 거듭남을 통해 우리의 소유가 되며, 그 후 믿음과 회심이라는 열매들을 맺게 됩니다.

다시 말씀드리지만, 성부 하나님께서 우리에게 그리스도를 허락하시고 내어주실 때에만 비로소 우리는 그리스도 안에서 그 유익의 참여자가 될 수 있습니다. 그리스도라는 제물과 선물은 그 분을 통해 받는 모든 유익과 혜택보다 우선합니다. 우리에게 그리스도를 내어주신 하나님께서, 참으로 그리스도 안에서 우리에게 자기 자신을 주시고 자신과 친교와 교제를 맺게 만드신 하나님께서 은혜 언약의 잇따르는 모든 선물, 즉 완전한 구원의 선물들의 수혜자로 우리를 만드셨습니다.

세례는 이 형언할 수 없는 하나님의 은혜의 선물에 대한 표지이며 보증입니다. 더러워진 몸이 물로 씻기는 것처럼, 진리

---

23 역자 주: 바빙크는 구원의 서정(the *ordo salutis*)을 논할 때 그리스도와의 연합 개념을 근본 토대로 두고 논하기 때문에, 자칫 잘못하면 구원의 각 서정이 파편화 혹은 편린화될 위험성을 최소화한다.

로 세례 받은 모든 사람은 죄로 인해 더러워진 영혼이 그리스도의 피로 말끔히 씻깁니다. 세례는 삼위일체 하나님의 이름으로 베푸는 것입니다. 우리가 성부의 이름으로 세례를 받을 때, 성부 하나님께서 우리의 증인이 되시고 우리를 보증하시며, 우리와 영원한 은혜 언약을 맺으십니다. 그뿐 아니라 우리를 자신의 자녀와 상속자로 입양하셔서 모든 선한 것을 주시며, 모든 악을 피하게 하시거나 그 모든 악을 우리의 유익으로 바꾸십니다.

우리가 성자의 이름으로 세례를 받을 때, 성자께서 우리의 모든 죄를 자신의 피로 깨끗하게 하시고, 자신의 죽음과 부활의 교제에 우리를 참여케 하심으로, 우리는 우리의 모든 죄로부터 자유롭게 되며 하나님 앞에서 의로운 자로 인정받게 됩니다.

이와 마찬가지로 우리가 성령의 이름으로 세례를 받을 때, 성령께서는 거룩한 성례를 통해 우리에게 다음과 같은 확신을 주십니다. 곧 성령께서 우리 안에 거하셔서 그리스도 안에서 우리가 영생을 얻은 택자들의 모임 가운데 어떤 흠도 없는 존재로 서게 될 때까지, 우리를 죄에서 깨끗하게 하시고 우리의 삶을 날마다 새롭게 하심으로 우리를 그리스도의 사람으로 거룩하게 하신다는 사실입니다.

그러므로 세례는 영원하신 하나님께서 우리의 하나님이 되시고, 은혜롭고 자비로우신 아버지가 될 것이라는 표지이며 보증입니다. 하나님께서는 택하신 모든 사람에게 성부와 성자와

성령의 이름으로 세례를 베풀도록 우리에게 명령하셨습니다[마 28:19-20].[24]

하나님은 세례를 통해 그리스도 안에서 자기 자신을 우리에게 주셨고, 우리를 자신의 양자로 받아들이셨다는 사실에 대한 가시적인 표지와 보증을 주셨습니다.

하나님께서 우리를 양자로 받아주셨다는 사실은 우리 신앙고백의 근거요 기초입니다.

---

24 [마 28:19-20] 그러므로 너희는 가서 모든 민족을 제자로 삼아 아버지와 아들과 성령의 이름으로 세례를 베풀고 내가 너희에게 분부한 모든 것을 가르쳐 지키게 하라 볼지어다 내가 세상 끝날까지 너희와 항상 함께 있으리라 하시니라

2장

신앙고백을 위한 훈련과 양육

2장
신앙고백을 위한 훈련과 양육

예수께서 대답하여 이르시되 기록되었으되 사람이 떡으로만
살 것이 아니요 하나님의 입으로부터 나오는 모든 말씀으로
살 것이라 하였느니라 하시니

마태복음 4장 4절

하나님께서는 은혜 언약의 방식으로 자신의 모든 자녀가 자유와 독립성을 갖도록 훈련하시고 양육하십니다.

  선택은 영원한 구원을 유산으로 확실히 받을 자들만 포함하며, 은혜 언약은 그들이 택함 받은 방식이 예정이라고 묘사합니다. 그러므로 선택과 언약은 같은 사람들을 포함하고 구성하기 때문에, 보다 더 작거나 큰 개념으로 구별되지 않습니다. 다만 선택은 개인적인 의미로, 언약은 항상 전체 인류와의 관계 속에

서 사용되곤 합니다.

은혜 언약은 가장 아름다운 방식으로 구원의 모든 역사 가운데서 하나님의 절대주권을 강조하면서 여기에 인간적인 그 어떤 것도 첨가되거나 덧붙여지지 않는다는 것을 설명하지만, 동시에 인간의 이성적이고 도덕적인 본성과 그가 하나님의 형상으로 창조되었다는 사실도 온전히 보여주는 언약입니다.

하나님께서 자신의 자리를 되찾으실 때, 인간 역시 하나님의 뜻에 따라 그에게 속한 본연의 지위와 영광을 받습니다. 하나님은 그리스도 안에서 자신에게 속한 사람들을 선택하시고, 그들이 사랑 안에서 하나님이 보시기에 거룩하고 흠이 없도록 하십니다[엡1:4][1].

확실한 사실 하나는 교회의 머리이신 그리스도께서 은혜 언약 가운데 드러나고 계신다는 점입니다. 그러나 그리스도께서는 자신을 믿는 자들을 내쫓으시거나 강제로 떨어지도록 하지 않으십니다. 그리스도께서는 처음부터 마지막까지 신자들을 위한 보증이 되시며, 이런 방식으로 신자 자신들도 그리스도의 영을 통해 배우고 힘을 얻어, 스스로 기꺼이 이 은혜 안에서 살고

---

[1] [엡1:4] 곧 창세 전에 그리스도 예수 안에서 우리를 택하사 우리로 사랑 안에서 그 앞에 거룩하고 흠이 없게 하시려고

걸어가기 시작합니다. 은혜 언약은 그리스도와 함께 맺어졌고, 그를 통해 그리스도의 소유된 모든 백성, 곧 그리스도를 통해 몸과 영혼과 마음과 뜻과 온 힘을 다해 완전히 입양된 이들에게 전파됩니다.

하나님께서는 그의 선한 뜻과 기쁨을 따라 신자들의 의지와 행위 안에서 일하시기 때문에, 하나님은 신자들이 두려움과 떨림으로 자신들의 구원을 이루도록 그들을 촉구하고 이끄십니다. 신자들은 하나님의 은혜로 인해 자신들이 신자됨을 알고, 자신들에게 능력을 주시는 그리스도 안에서 모든 것을 할 수 있게 됩니다[빌 4:13].[2] 그리스도께서 그들 가운데 거하시기 때문에, 그들은 하나님의 아들을 믿는 믿음 안에서 살아갈 수 있습니다[갈 2:20].[3] 심지어 신자의 자녀들은 스스로 의식을 갖기도 전부터 은혜 언약 안으로 받아들여졌기 때문에, 우리 부모들은 앞에서 언급한 교리를 따라 자녀들에게 이 특별하고도 구체적인 부르심을 가르쳐야 하며, 주의 교훈과 훈계로 그들을 기르고 양육해

---

2   [빌 4:13] 내게 능력 주시는 자 안에서 내가 모든 것을 할 수 있느니라
3   [갈 2:20] 내가 그리스도와 함께 십자가에 못 박혔나니 그런즉 이제는 내가 사는 것이 아니요 오직 내 안에 그리스도께서 사시는 것이라 이제 내가 육체 가운데 사는 것은 나를 사랑하사 나를 위하여 자기 자신을 버리신 하나님의 아들을 믿는 믿음 안에서 사는 것이라

야 합니다[엡 6:4].[4] 모든 언약 안에는 두 부분이 존재하기 때문에, 은혜 언약 역시 새로운 순종에 이르도록 우리를 훈계하고 의무를 요구하는 부분이 존재합니다. 하나님이 우리에게 나는 너의 하나님이라고 말씀하신 후에, 바로 내 앞에서 행하여 완전하라고 말씀하십니다[창 17:1].[5] 하나님께서 자기 자신을 우리에게 주셨기 때문에, 우리도 역시 우리의 전 존재와 모든 소유를 자신에게 드리기를 원하십니다.

그러나 어린 자녀들은 자신들의 신앙을 스스로 고백하지 못하며 그 고백에 따라 살아가지 못합니다. 그러므로 부모들이 그들에 대한 책임을 져야 합니다. 부모들은 자신의 자녀들이 세례 받을 때 증인이 되며, 자신의 자녀들을 그리스도인으로 양육할 것을 답변하는 보증인이 됩니다. 부모들은 자신의 자녀들이 하나님께 입양되었다는 사실에 근거하여 자녀들이 이 사실을 온전히 인식하고 스스로 자유롭게 신앙을 고백할 수 있도록 양육하고 인도할 의무가 있습니다.

---

4 [엡 6:4] 또 아비들아 너희 자녀를 노엽게 하지 말고 오직 주의 교훈과 훈계로 양육하라 (역자 주: 바빙크는 가정교육의 중요성에 대해 본 장 전반에 걸쳐 강변한다. 이는 자녀들의 신앙교육을 교회에 무책임하게 떠맡긴 채 가정에서는 아무런 신앙교육도 시키지 않는 현대의 신자들에게 따끔한 일침이 되고 있다.)

5 [창 17:1] 아브람이 구십구 세 때에 여호와께서 아브람에게 나타나서 그에게 이르시되 나는 전능한 하나님이라 너는 내 앞에서 행하여 완전하라

여기에서도 자연적인 것들이 영적인 것들의 상징이 됩니다. 부모의 임신과 출산을 통해 우리의 것이 된 자연적인 생명은 우리의 어떤 공로도 없이 주어진 절대적 의미의 선물이며, 심지어는 이 생명은 우리에게 주어지기도 전에 잃는 경우도 있습니다. 이 생명은 그 존재가 가장 처음 시작될 때부터 주어진 것이지만, 그것이 유지되고 지켜지기 위해 지속적인 자양분과 세심한 보호가 필요합니다. 이 생명은 보살핌과 양육을 받아야 하고, 인도와 보호를 받아야 하며, 음식을 먹고 힘을 공급받아야 유지됩니다. 먹지 않고서는, 더 넓은 의미로 튼튼해지지 않는다면, 생명은 곧 힘을 잃고 죽게 될 것입니다.

이 생명이 보존되는 가장 첫째 되고 높은 이유는 하나님이십니다. 하나님은 창조주이시며, 만물을 보존하시는 분이십니다. 만약 하나님께서 자신이 존재하라고 명하신 생명을 무소부재한 전능으로 매순간 유지하지 않으신다면, 그 생명은 즉시 존재하지 않게 될 것입니다. 반대로 전능하신 하나님이 원하시면, 모세를 시내산에서 40일 동안 보호하시고 예수님은 광야에서 40일 동안 지켜주신 것처럼, 다른 어떤 수단을 사용하시지 않고도 생명을 유지하고 보존하실 수 있습니다. 하나님은 그릿 시냇가에서 그의 종 엘리야에게 까마귀를 보내 양식을 먹이시고, 하늘에서 내려오는 만나로 이스라엘 백성을 광야에서 40년 동안이나 먹이신 것처럼 비상한 방식으로 그 생명을 유지하고 보존하시기도 합니다.

하지만 하나님께서 이 일을 위해 일반적으로 중간매체를 사용하시는데, 음식과 마실 것으로 우리를 먹이시고, 부모들을 어린 자녀들의 보호자로 삼으셔서 아이들의 다양한 필요를 채우도록 하는 것입니다. 부모들은 자녀들을 위해 여러 보물들을 모아 두어야 할 의무를 지녔습니다. 이 보물들을 통해 자녀들은 살아갑니다. 이 보물들은 자녀들이 노력해서 얻은 것이 아니기에 그것들에 대한 권리를 주장할 수 없습니다. 어린 자녀들은 그것들을 은혜로 여기고 순수하게 의존하며 살아갈 뿐입니다.

그러나 우리는 떡으로만 살 것이 아니요 하나님의 입으로부터 나오는 모든 말씀으로 살아갑니다. 사람은 단순히 음식으로만 살 수 없으며, 하나님께서 음식 안에 두어 우리에게 주신 말씀과 계명, 능력과 복으로 살아갑니다[마 4:4].[6] 오직 말씀만이 우리를 먹이며, 이것이 바로 힘을 공급하시는 하나님이 기뻐하시는 것입니다.

자연 세계에서 자연적인 생명을 영위하기 위해 음식을 먹이는 것은 영적 세계에서 영적인 생명을 위해 훈련하고 양육하는

---

[6] [마 4:4] 예수께서 대답하여 이르시되 기록되었으되 사람이 떡으로만 살 것이 아니요 하나님의 입으로부터 나오는 모든 말씀으로 살 것이라 하였느니라 하시니

것과 관계가 있습니다. 하나님께서 어떤 다른 수단을 사용하시지 않고 사람의 영적 생명을 보호하시고 세워 가시더라도, 이는 그리 신비롭거나 경이로운 일이 아닙니다. 그러나 하나님은 사람이 사람을 통해 양육과 훈련받는 것을 기뻐하시며, 특별히 언어를 사용해서 영혼을 형성하고 세워가도록 하셨습니다. 다른 사람들로부터 영향을 받는 이런 방식으로 정신과 마음, 양심과 의지, 성향과 상상력이 유아기 때부터 사람 안에 형성됩니다. 하나님께서는 중생을 통해 영적인 생명의 양육과 보존을 이루어가시며, 다른 방법이나 방식은 사용하지 않으십니다.

부모들은 먼저 자기 자녀들의 영적인 생명에 양분을 주어 성숙하게 양육하도록 하나님의 손에 들린 도구들로 부름 받았습니다. 자녀들은 자연스럽게 가정이라는 테두리 안에서 자신의 존재를 부여받고, 삶의 첫 해를 가정에서 보내게 됩니다. 계시 속의 하나님과 자연 속의 하나님의 가르침은 서로 일치합니다. 이스라엘의 하나님은 하나님께서 그들 가운데 행하신 위대한 일들을 자녀들과 그 후손 대대로 선포하도록 부모들에게 명령하셨습니다. 부모들은 자녀들에게 특별히 유월절과 같은 절기의 예배 가운데 행하는 엄숙한 의식들에 대해 설명해야 했습니다. 그리고 그들은 하나님께서 자기 백성들에게 주신 율법 안에서, 즉 규례와 법도로 자녀들을 교육해야 했습니다[신 12:1].[7] 주 하나님 당신께서 자기 백성의 참 아버지요 진정한 보호자이셨던 것처럼, 부모들 역시 자기 자녀들의 육적, 영적 보호자가 되어야만 했습니다.

신약 시대에도 부모들은 자신들의 마음에 주어진 이 의무들을 여전히 강하게 지켜야 했습니다. 예수님은 아이들의 이름을 부르시며 자신에게로 오라 하셨고, 그들에게 복을 베푸시며 하나님 나라를 약속하셨습니다. 자녀들도 부모 못지않게 그리스도의 복에 참여하는 자들입니다. 그래서 사도들은 어린이들도 어른들과 같이 여겨 그리스도와의 교제에 참여하도록 했으며, 자신들의 부모를 **주 안에서** 공경하도록 교훈했습니다. 그리고 부모들에게는 자신의 자녀들을 분노 가운데 노엽게 하지 말고 오직 주의 교훈과 훈계로 양육하도록 권면했습니다[엡 6:4; 골 3:20-21].[8]

기독교가 이 세상 속으로 들어왔을 때, 깨지고 부서진 가정생활이 기독교를 통해 회복되고 거룩해졌습니다. 기독교는 아내를 대하는 남편을, 자녀들을 대하는 어머니를, 부모를 대하는

---

[7] [신명기 12:1] 네 조상의 하나님 여호와께서 네게 주셔서 차지하게 하신 땅에서 너희가 평생에 지켜 행할 규례와 법도는 이러하니라

[8] [엡 6:4] 자녀들아 모든 일에 부모에게 순종하라 이는 주 안에서 기쁘게 하는 것이니라 아비들아 너희 자녀를 노엽게 하지 말지니 낙심할까 함이라

자녀들을 회복했습니다. 이런 도덕적 변화에 감명 받은 어떤 한 교부는 다음과 같은 아름다운 말을 남겼습니다. "어머니는 자녀들의 영광이고, 아내는 남편의 영광이며, 자녀와 남편 둘은 모두 아내의 영광이다."[9]

현재 부모들은 [자녀들을] 훈련하고 양육하는 이 막중하고 책임 있는 일을 학교의 도움을 받아 감당하고 있습니다. 현재의 삶은 살아가는데 필요한 지식과 능력에 대한 요구가 점점 커지기 때문에, 더 이상 부모는 스스로의 능력으로 자녀들을 양육하는 데 필요한 모든 일을 감당할 수 없게 되었습니다. 그들에게는 더 이상 자녀들을 양육할 시간과 능력이 없습니다. 그래서 가정 옆에 학교가 세워졌습니다. 물론 학교가 부모의 책임과 의무를 완전히 덜어주지는 못하지만, 이를 유지하고 이행하는 데에 도움을 줍니다. 부모는 자녀들을 주의 교양과 훈계로 양육하도록 부름 받은 자들이기 때문에, 학교에서 가르치는 것들이 이런 하나님의 말씀의 교훈과 일치하는지 주목해야 합니다. 학교는 국가와 사회가 미래의 활동적인 구성원들에게 요구하는 조건과 기독교적 양육을 연결하여 교육해야 합니다. 학교의 목적

---

[9] 역자 주: 이 문장은 알렉산드리아의 클레멘트(Clement of Alexandria, c.150-c.250 A.D.)의 문장이라 전해진다.

은 자녀들을 하나님의 사람으로 온전하게 하며 모든 선한 일을 행할 능력을 갖춘 자로 교육하는 것입니다[딤후 3:17].[10]

교회 역시 언약의 자녀들을 훈련하고 온전케 해야 할 임무를 가지고 있습니다. 하지만 교회의 사역은 궁극적으로 가정과 학교의 사역과는 구별됩니다. 이는 특별히 종교개혁 전통에서 두드러지는데, 그 가운데서도 특별히 칼뱅은 젊은이들에 대한 교회의 양육에 대해 계속해서 강조했습니다. 교회가 교회의 젊은이들과 준회원들에게 주님의 이름으로 공식적으로 교리 교육을 하는 것에는 특별하고도 구체적인 목적이 있습니다. 교리 교육은 온전한 신앙의 자유로움 가운데 성찬에 참여하도록, 세례받은 아이들이 성찬을 통해 교회의 모든 성도와 더불어 자유롭고 독립적인 한 인격체로 주님의 죽으심을 볼 수 있게 하는 것입니다. 교회의 교육은 자녀들이 장차 이 사회의 시민과 구성원으로서 해야 할 일들을 포함하지 않지만, 하나님께서 자신의 언약의 두 표지와 보증 사이에 두신 관계를 가르치고, 언약의 자녀들이 스스로 신앙을 고백하는 그리스도의 교회의 성숙하고 의식 있는 회원이 되도록 훈련하고 양육하는 목적을 가지고 있

---

10 [딤후 3:17] 이는 하나님의 사람으로 온전하게 하며 모든 선한 일을 행할 능력을 갖추게 하려 함이라

습니다.

  만약 이처럼 교육이 주님의 말씀의 규칙에 따라 실행된다면, 가정과 교회와 학교는 가장 아름다운 방식으로 함께 일하게 될 것입니다. 가정과 교회와 학교는 서로 분리되어 있지 않으며, 반대되는 입장에 서 있지도 않습니다. 어느 한 가지가 다른 것들이 세워놓은 것을 무너뜨리지 않고, 하나님의 형상과 모양을 닮은 인간을 개혁하는 하나의 위대한 목표를 함께 이루어 갑니다. 한 믿음과 한 세례는 가정과 교회와 학교를 하나로 묶습니다. 가정과 교회와 학교를 함께 받치는 것은 하나의 신앙고백입니다. 이것이 가정과 교회와 학교가 이 땅의 삶의 무대 가운데에서 자녀들을 위로하고 부양하기 위해 가져야할 유일한 세계관이며 인생관입니다. 가정과 교회와 학교가 각각의 방식으로, 그러면서도 상호 관계 속에서 각 사람을 모든 지혜 안에서 경고하고 가르친다면, 가정과 교회와 학교는 예수 그리스도 안에서 그 자녀를 온전한 자로 드러낼 수 있을 것입니다.

3장
신앙고백의 규칙

3장
신앙고백의 규칙

주의 말씀은 내 발에 등이요 내 길에 빛이니이다

시편 119편 105절

주 하나님의 이름에 대한 신앙고백으로 이끄는 훈련과 양육의 과정에서 가정과 교회와 학교는 반드시 성경에 기록된 하나님의 말씀을 사용해야 합니다. 하나님의 말씀은 모든 신앙고백의 기초이고, 원리이며, 규칙인 동시에 목적입니다. 만약 하나님께서 성경 안에 우리가 고백해야 할 그 분의 진리를 우리에게 주시지 않으셨다면, 우리가 고백할 수 있는 것은 아무것도 없을 것입니다. 영적 생명은 하나님의 말씀을 공급받아 성장하기 때문에 우리 주 예수 그리스도의 은혜로 그를 아는 지식에서 자라갈 때, 우리는 그 말씀을 모든 사람 앞에서 자신의 주체적인 언어로 이해하고 고백할 수 있습니다.

분명한 사실은 부모도, 교사도, 말씀을 맡은 목사도, 그 분들에게서 나오는 말씀들도 우리에게 영적 생명을 줄 수 없고 보호해주지 못합니다. 예수의 말씀처럼 사람은 떡으로만 살 것이 아니요 하나님의 입으로부터 나오는 모든 말씀으로 사는 것입니다[마 4:4].[1] 씨앗을 심는 바울이나 물을 주는 아볼로는 아무 것도 아니며, 오직 하나님만이 영적 생명을 자라게 하시는 분이시기 때문입니다[고전 3:6].[2]

그럼에도 불구하고 부모들과 교사들의 손에 들린 하나님의 복된 성경 말씀이 아이들의 영적 생명에 영양분을 공급합니다. 음식이 육의 생명을 위한 것이라면, 하나님의 말씀은 영적 생명을 위한 것입니다. 주의 말씀의 맛이 내게 어찌 그리 단지요! 내 입에 꿀보다 더하나이다[시 119:103]!

하나님의 말씀은 우리가 존재하는 첫 순간부터 우리에게 임합니다. 하나님의 말씀은 성경이 우리 앞에 열려 있고 우리가 그 성경을 읽고 살펴볼 때에야 비로소 처음으로 임하는 것이 아

---

1 [마 4:4] 예수께서 대답하여 이르시되 기록되었으되 사람이 떡으로만 살 것이 아니요 하나님의 입으로부터 나오는 모든 말씀으로 살 것이라 하였느니라 하시니

2 [고전 3:6] 나는 심었고 아볼로는 물을 주었으되 오직 하나님께서 자라나게 하셨나니

닙니다. 지극히 높으신 하나님의 종이 성도의 공회 가운데 말씀을 선포하고, 우리가 그 말씀을 들을 때도 아닙니다. 하나님의 말씀은 우리가 가장 어린 유아시절 때부터 우리에게 찾아옵니다. 이 말씀은 아버지의 책망과 어머니의 훈계를 통해, 선생님의 가르침과 친구들과의 교제를 통해, 양심의 증거와 삶의 경험을 통해 우리에게 찾아옵니다. 하나님의 말씀은 우리의 모든 [삶의] 여정 가운데 **함께 하고**, 요람에서 무덤에 이르기까지 결코 우리 곁에서 떠나지 않습니다. 하나님의 말씀은 강복선언[축도]를 통해 우리의 머리 위에 선포되고, 시편과 찬송을 통해 우리에게 노래로 들려지며, 설교를 통해 우리의 마음에 묶이기도 하고, 계명과 규례들을 통해 우리 눈에 밝히 드러납니다. 우리는 그 말씀으로 말미암아 항상 인도와 보호를 받고, 교훈과 위로를 얻으며, 격려와 책망을 받아, 죄를 깨닫고 그리스도를 바라보게 됩니다. 하나님의 말씀은 우리가 태어나서 숨 쉬고 살아가는 대기와 같이, 우리의 영적 생명을 위해 먹을 것과 마실 것, 공기와 햇빛과 비를 한 번에 공급해줍니다.

또한 하나님의 말씀에는 항상 능력이 있습니다. 소망이 끊어지고 무언가를 바랄 수 없는 상태에서도, 그 말씀은 구원을 베푸시는 하나님의 능력으로 사람의 양심과 마음에 남아 영향을 미칩니다. 하나님의 말씀은 결코 헛된 소리도, 죽은 문자도, 의미 없는 문구도 아닙니다. 하나님의 말씀은 항상 살아있고 활력이 있어 좌우의 날선 어떤 검보다도 예리하여 혼과 영과 및 관절과 골수를 쪼개기까지 하며 마음의 생각과 뜻을 판단합니다[히 4:12].³ 하나님의 말씀은 강퍅하고 돌 같이 굳어진 죄인의 마음을 낱낱이 부서뜨리는 망치이며, 교만하고 자기 의가 가득한 사람에게 치명상을 입히는 성령의 검입니다. 또한 양심을 깨우는 하나님에 대한 고백과 증거이고, 거듭남의 씨앗이며, 성화에 이르게 하는 능력입니다. 이 말씀은 교훈과 책망과 바르게 함과 의로 교육하기에 유익하여 하나님의 사람으로 온전하게 하고 모든 선한 일을 행할 능력을 갖추게 합니다[딤후 3:16-17].⁴ 한마디로, 하나님의 말씀은 성례보다 앞서며 가장 고귀한 은혜의 방편입니다.

말씀은 복을 불러올 수 없는 상황에서도 그 역할을 하며 영향을 미칩니다. 이 말씀은 귀신들도 믿고 떨게 하며[약 2:19],⁵ 무신론자와 불신자에게는 사망으로부터 사망에 이르는 냄새입니다

---

3 [히 4:12] 하나님의 말씀은 살아 있고 활력이 있어 좌우에 날선 어떤 검보다도 예리하여 혼과 영과 및 관절과 골수를 찔러 쪼개기까지 하며 또 마음의 생각과 뜻을 판단하나니

4 [딤후 3:16-17] 모든 성경은 하나님의 감동으로 된 것으로 교훈과 책망과 바르게 함과 의로 교육하기에 유익하니 이는 하나님의 사람으로 온전하게 하며 모든 선한 일을 행할 능력을 갖추게 하려 함이라

5 [약 2:19] 네가 하나님은 한 분이신 줄을 믿느냐 잘하는도다 귀신들도 믿고 떠느니라

[고후 2:16].⁶ 말씀은 하나님을 믿지 않는 자들에게 부딪히는 돌과 걸려 넘어지는 바위가 되어 걸려 넘어져 다치게 합니다[롬 9:33].⁷ 부드러워지지 않는다면 결국 굳어질 것이고, 따뜻해지지 않으면 결국 검게 그을릴 것입니다. 하나님의 말씀을 만난 사람은 절대 이전과 같은 사람으로 남지 못합니다. 점점 더 선해지거나 완악해질 뿐, 중립이라는 방패로 자신을 가릴 수는 없습니다. 비와 눈이 하늘로부터 내려 다시 하늘로 되돌아가지 않고 땅을 적셔 싹을 틔우고, 씨 뿌리는 자에게 씨앗을 주고, 먹는 자에게 빵을 주는 것처럼, 하나님의 입으로부터 나오는 하나님의 말씀도 헛되이 되돌아가지 않고, 오히려 하나님의 기쁘신 뜻을 이루고 하나님께서 보낸 일을 형통하게 할 것입니다[사 55:10-11].⁸

이런 능력의 근원은 바로 **하나님의** 말씀에 있습니다. 모든 성경은 하나님의 감동으로 주어졌을 뿐만 아니라, 하나님의 전능

---

6   [고후 2:16] 이 사람에게는 사망으로부터 사망에 이르는 냄새요 저 사람에게는 생명으로부터 생명에 이르는 냄새라 누가 이 일을 감당하리요

7   [롬 9:33] 기록된 바 보라 내가 걸림돌과 거치는 바위를 시온에 두노니 그를 믿는 자는 부끄러움을 당하지 아니하리라 함과 같으니라

8   [사 55:10-11] 이는 비와 눈이 하늘로부터 내려서 그리로 되돌아가지 아니하고 땅을 적셔서 소출이 나게 하며 싹이 나게 하여 파종하는 자에게는 종자를 주며 먹는 자에게는 양식을 줌과 같이 내 입에서 나가는 말도 이와 같이 헛되이 내게로 되돌아오지 아니하고 나의 기뻐하는 뜻을 이루며 내가 보낸 일에 형통함이니라

하고 무소부재한 능력을 통해 지속적으로 보존되고 있습니다. 말씀에서 나와 다양한 모습과 다채로운 방식으로 사람들에게 전해지는 복음도 항상 하나님에 의해 생명력을 갖습니다. 복음은 하나님의 말씀 **그 자체**이며, 항상 하나님의 말씀으로 존재합니다. 복음은 교회에서 살고 거하는 성령과 더불어 끊임없이 역사하며, 교회로부터 세상을 향해 나아가 죄와, 의 심판에 대해 깨닫게 합니다. 복음은 하나님의 입으로부터 지속적으로 나와 그리스도 안에서 우리에게 임하며, 그리스도의 영을 통해 우리의 마음과 양심에 선포되는 하나님의 말씀입니다.

그러므로 하나님의 말씀은 우리의 영적 생명의 먹을 것과 마실 것이 **될 수 있으며**, 실제로 먹을 것과 마실 것이 **됩니다**. 말씀은 은혜의 원천이 아니라 수단일 뿐입니다. 오직 하나님께서 모든 은혜의 수여자이시며 제공자이십니다. 그 어떤 사람도, 제사장도, 말씀도, 성례도 하나님을 통해 은혜의 보화로 옷 입혀지거나 은혜를 나눠주는 권한을 받지 않았습니다. 종들이 표와 인을 줄 수는 있지만, 오직 하나님만이 표와 인을 허락하실 수 있는 분입니다. 이는 오직 하나님만이 하시는 일이며 은혜로만 행하시는 일입니다. 하나님께서는 자신의 자유로운 능력과 기쁨으로 당신의 말씀을 우리에게 허락하실 것이라는 서약 아래에 스스로를 묶으십니다. 이는 성령의 뜻에 온전히 일치하는 가운데 그리스도를 우리 영혼의 즐거움과, 하늘로부터 내려오는 떡으로 여기고, 다시는 목마르지 아니할 음료이자 생명수로 믿고 받아들이는 모든 자에게 실행됩니다[요 4:14].[9]

그러므로 그 말씀은 어린아이와 같은 믿음으로 믿고 겸손하게 받아들여야 합니다. 아무리 영양가 있는 음식이라도 우리가 음식을 입으로 먹고 소화시킬 때 우리의 생명을 유지하는 힘과 양분을 공급하는 것처럼, 우리가 하나님의 말씀을 믿음으로 받아들이고 마음에 심을 때 그 말씀은 우리 영혼을 위한 양식이 됩니다.

하나님께서는 무언가를 만드셨을 때, 그것을 위한 다른 것도 주셨습니다. 음식을 창조하신 하나님은 그 음식을 먹을 입도 창조하셨습니다. 말씀을 주신 하나님은 또한 오직 그 말씀의 양식을 먹고 자라며 힘을 얻을 수 있는 새로운 생명, 즉 거듭남을 통해 우리를 빛으로 이끄셨습니다.

말씀과 영적 생명은 서로 연결되어 있고, 그 태생 자체가 서로 밀접한 관계에 있습니다. 말씀은 역사하고, 그 역사하는 말씀을 통해 영적 생명이 강해집니다. 마치 갓난아이가 어머니의 젖을 찾고, 굶주리고 목마른 자가 먹을 것과 마실 것을 찾는 것

---

[9] [요 4:14] 내가 주는 물을 마시는 자는 영원히 목마르지 아니하리니 내가 주는 물은 그 속에서 영생하도록 솟아나는 샘물이 되리라

처럼, 영적 생명은 그 본성상 자연스럽게 말씀이라는 양식을 갈구할 수밖에 없습니다.

더 나아가 말씀과 영적 생명은 모두 한 성령으로부터 내려온 것입니다. 자연적인 것들의 영역 속에도 지식의 가능성이 존재하는데, 그 유일한 이유는 우리 안에 있는 **이성**과 창조세계 속에 **사유**가 있기 때문입니다. 상호 관계 속에서 함께 하는 **이성**과 **사유**는 태초부터 하나님과 함께 있었고, 하나님 자신이시며, 만물을 창조한 하나님의 말씀에 의해 창조되었습니다[요 1:1-3]. **10** 이 말씀은 눈과 사물 모두를 밝혀주는 하나의 같은 빛입니다. 동일한 지식의 빛이 인간의 이성과 하나님께서 손수 행하신 사역들 속에서 빛납니다. 하나의 근원으로부터 나오는 이 빛의 흐름이 서로 만날 때에야 비로소 인간은 보고 깨달을 수 있습니다. "진실로 생명의 원천이 주께 있사오니 주의 빛 안에서 우리가 빛을 보리이다"[시 36:9]

그러므로 **영적인 사람**과 **성령의 말씀**은 함께 합니다. 이 세상에 말씀을 가져와 보존하는 영과 우리 안에서 태어날 영적 사람을 창조하시는 영은 같은 영, 그리스도의 영입니다. 성경에서 성령

---

10 [요 1:1-3] 태초에 말씀이 계시니라 이 말씀이 하나님과 함께 계셨으니 이 말씀은 곧 하나님이시니라 그가 태초에 하나님과 함께 계셨고 만물이 그로 말미암아 지은 바 되었으니 지은 것이 하나도 그가 없이는 된 것이 없느니라

은 그리스도를 우리의 눈앞에 그려주시고, 믿음으로 그리스도를 우리 마음속에 살도록 만들어 주시는 분입니다. 성경에서 성령은 우리를 위해 그리스도의 형상을 보여주고, 그 형상을 따라 신자를 더욱 새롭게 만드시는 분입니다. 이렇게 우리 모두는 주님의 영을 통해 유리로 보는 것처럼 주님의 영광을 온전히 보면서, 영광에서 영광으로 주님 같은 형상으로 변화됩니다[고후 3:18].[11]

그러므로 우리의 마음이 하나님의 말씀을 간절히 갈망하고 사모할 때, 하나님의 말씀은 영적 생명의 확실하고도 속일 수 없는 표지가 됩니다. 굶주린 자가 양식을, 목마른 자가 물을, 병든 자가 약을 찾는 것이 분명히 자연스러운 일인 것처럼, 영적인 사람이 하나님의 말씀과 그 말씀 안에서 자기 스스로를 우리에게 주신 그리스도께 다가가려고 간절히 노력하는 것도 당연한 것입니다. 영적인 사람은 말씀과 상관없이 자랄 수 없습니다. 영적인 사람은 마치 신비로운 꿈처럼 말씀을 넘어서 자라나지 않습니다. 그는 말씀을 자신의 뜻을 펼치고 그 뜻을 이루기 위해 높은 곳으로 올라가기 위한 사다리로 사용하지 않습니다.

---

11 [고후 3:18] 우리가 다 수건을 벗은 얼굴로 거울을 보는 것 같이 주의 영광을 보매 그와 같은 형상으로 변화하여 영광에서 영광에 이르니 곧 주의 영으로 말미암음이니라

그렇게 말씀을 대하는 자는 곧 창피를 당하고 수치를 경험하게 될 것입니다. 먹을 것을 거부하는 사람은 곧 굶주리게 됩니다. 그리스도의 말씀을 경외하지 않는 사람은 주 하나님을 사랑하지 않는 사람입니다. 약을 내 버리는 사람은 의사의 도움이 필요 없는 사람입니다.

하지만 영적인 사람은 그가 살아가는 동안에 그의 모든 영혼과 감정을 하나님과의 교제와 친교를 위한 수단인 하나님의 말씀에 스스로 묶는 것처럼 느낍니다. 그 이유는 하나님께서 자신을 그 말씀에 스스로 묶으셨기 때문입니다. 영적인 사람이 더욱 성장하고 강해질수록, 그는 더욱더 하나님의 말씀을 찾게 됩니다. 마치 벽에 뒤덮인 담쟁이덩굴처럼, 영적인 사람은 말씀을 꼭 붙잡으며 말씀에 착 달라붙어 있습니다. 순례자에게 지팡이와 막대기가 필요한 것처럼, 영적인 사람은 하나님의 말씀에 의존합니다. 영적인 사람은 더욱더 하나님의 말씀을 귀하게 여기며, 그 말씀에 자신을 묶습니다. 말씀을 향한 그의 사랑은 점점 더 강해집니다. 영적인 사람은 하나님의 말씀의 가치를 더욱 귀하게 여기며, 말씀 안에서 자신의 마음과 삶을 위한 새로운 보화들을 계속 발견합니다. 하나님의 말씀은 더욱더 영적인 사람을 위한 말씀이 되고, 전능하신 주 하나님으로부터 오는 말씀이 되며, 아버지께서 하늘로부터 우리에게 보낸 편지와, 거할 곳이 많이 있는 아버지의 집으로 이끄는 인도자가 될 것입니다. "주의 말씀은 내 발의 등이요 내길의 빛이니이다"[시 119:105] "내가 주의 법을 어찌 그리 사랑하는지요 내가 그것을 종일 작은 소리로 읊조리나이다"[시 119:96]

그러므로 부모들은 반드시 모든 언약의 자녀를 아주 어릴 때부터 하나님의 말씀으로 양육해야 합니다. 너무 일찍 시작하는 것이 꼭 지혜로운 것은 아닙니다. 어른들이 경외하는 자세로 하나님의 말씀을 읽고 기도할 때 그 모습을 보는 아이들은 이미 예배를 거룩하게 여기는 마음을 갖게 되고, 이 마음은 평생에 걸쳐 그들 안에 남아있게 됩니다. 식사 전후와, 잠에 들기 전과 깬 후에 하는 짧은 기도는 종종 아이들의 마음속에 깊은 인상을 남기며, 이런 인상은 없어지지 않고 [부모가] 죽은 이후에도 어린 시절 경험했던 경건의 시간들을 계속해서 기억하게 합니다. 분명한 것은 우리가 우리의 어린 자녀들에게 기독교의 말씀과 기도를 가르칠 때, 아이들이 이 가르침을 사실로 이해할 때까지 기다릴 필요가 없다는 것입니다. 그들이 성경의 가르침을 사실로 이해할 때까지 마냥 기다렸다가 말씀과 기도를 가르치게 된다면, 우리는 그들을 어린 위선자들로 만들 뿐입니다. 그 이유는 우리가 사실들을 통해 말씀을 배우는 것처럼, 말씀을 통해서도 사실들을 배우기 때문입니다. 말씀과 사실은 서로가 서로를 그렇게 말씀을 대하는 자는 곧 창피를 당하고 수치를 경험하게 될 것입니다. 먹을 것을 거부하는 사람은 곧 굶주리게 됩니다. 그리스도의 말씀을 경외하지 않는 사람은 주 하나님을 사랑하지 않는 사람입니다. 약을 내 버리는 사람은 의사의 도움이 필요 없는 사람입니다.

하지만 영적인 사람은 그가 살아가는 동안에 그의 모든 영혼과 감정을 하나님과의 교제와 친교를 위한 수단인 하나님의 말씀에 스스로 묶는 것처럼 느낍니다. 그 이유는 하나님께서 자신을 그 말씀에 스스로 묶으셨기 때문입니다. 영적인 사람이 더욱 성장하고 강해질수록, 그는 더욱더 하나님의 말씀을 찾게 됩니다. 마치 벽에 뒤덮인 담쟁이덩굴처럼, 영적인 사람은 말씀을 꼭 붙잡으며 말씀에 착 달라붙어 있습니다. 순례자에게 지팡이와 막대기가 필요한 것처럼, 영적인 사람은 하나님의 말씀에 의존합니다. 영적인 사람은 더욱더 하나님의 말씀을 귀하게 여기며, 그 말씀에 자신을 묶습니다. 말씀을 향한 그의 사랑은 점점 더 강해집니다. 영적인 사람은 하나님의 말씀의 가치를 더욱 귀하게 여기며, 말씀 안에서 자신의 마음과 삶을 위한 새로운 보화들을 계속 발견합니다. 하나님의 말씀은 더욱더 영적인 사람을 위한 말씀이 되고, 전능하신 주 하나님으로부터 오는 말씀이 되며, 아버지께서 하늘로부터 우리에게 보낸 편지와, 거할 곳이 많이 있는 아버지의 집으로 이끄는 인도자가 될 것입니다. "주의 말씀은 내 발의 등이요 내길의 빛이니이다"[시 119:105] "내가 주의 법을 어찌 그리 사랑하는지요 내가 그것을 종일 작은 소리로 읊조리나이다"[시 119:96]

그러므로 부모들은 반드시 모든 언약의 자녀를 아주 어릴 때부터 하나님의 말씀으로 양육해야 합니다. 너무 일찍 시작하는 것이 꼭 지혜로운 것은 아닙니다. 어른들이 경외하는 자세로 하나님의 말씀을 읽고 기도할 때 그 모습을 보는 아이들은 이미 예배를 거룩하게 여기는 마음을 갖게 되고, 이 마음은 평생에 걸쳐 그들 안에 남아있게 됩니다. 식사 전후와, 잠에 들기 전과 깬 후에 하는 짧은 기도는 종종 아이들의 마음속에 깊은 인상을 남기며, 이런 인상은 없어지지 않고 [부모가] 죽은 이후에도 어린 시절 경험했던 경건의 시간들을 계속해서 기억하게 합니다. 분명한 것은 우리가 우리의 어린 자녀들에게 기독교의 말씀과 기도를 가르칠 때, 아이들이 이 가르침을 사실로 이해할 때까지 기다릴 필요가 없다는 것입니다. 그들이 성경의 가르침을 사실로 이해할 때까지 마냥 기다렸다가 말씀과 기도를 가르치게 된다면, 우리는 그들을 어린 위선자들로 만들 뿐입니다. 그 이유는 우리가 사실들을 통해 말씀을 배우는 것처럼, 말씀을 통해서도 사실들을 배우기 때문입니다. 말씀과 사실은 서로가 서로를 돕습니다. 일반적으로 의존 감정[12]과 아이들의 본성적으로 가지고 있는 겸손함, 그리고 우리를 바라보길 원하시는 주 하나님의 영과 하나님께 가장 큰 기쁨이 되고자 하는 인간의 영의 상태 사이에는 놀라운 유사점이 있습니다. 만약 우리가 어린아이들과 같이 되지 않는다면, 우리는 하늘나라에 들어갈 수 없을 것입니다[마 18:3; 막 10:15].[13]

그런데, 아이들에게 하나님의 말씀을 전할 때는 반드시 가르침과 훈련을 동시에 포함해야 합니다. 즉, 하나님의 말씀이 정신과 마음에 동시에 역사하도록 해야 하며, 지성과 행동 모두에 함께 영향을 미치도록 해야 합니다. 우리는 정통과 경건주의의 양 극단 모두를 반드시 경계해야 합니다. 사람이 지성 뿐 아니라 감정과 의지도 가지고 있는 것처럼, 기독교는 단순히 지식 뿐 아니라 삶도 포함합니다.[14] 하나님은 율법에서 우리가 단순

---

12 역자 주: 바빙크는 『계시 철학』에서도 의존 감정과 믿음을 밀접하게 연결시킨다. 물론 바빙크는 프리드리히 슐라이어마허(Friedrich Schleiermacher, 1768-1834)가 주창했던 전적 의존 감정의 내용과 요소를 차용하고는 있지만, 바빙크가 말하는 의존 감정은 슐라이어마허식의 주관주의형 감정이 아니라, 오히려 하나님의 은혜를 통해 주어진 객관적인 말씀에 대한 전적인 인정과 수납을 골자로 한 의식이다. 바빙크, 『계시 철학』, 377-432를 참고하라.

13 [막 10:15] 내가 진실로 너희에게 이르노니 누구든지 하나님의 나라를 어린 아이와 같이 받들지 않는 자는 결단코 그 곳에 들어가지 못하리라 하시고

14 역자 주: 바빙크, 『계시 철학』, 287-331에서 논의하고 있는 종교의 지ㆍ정ㆍ의의 균형에

히 우리의 모든 생각으로만이 아니라 우리의 온 마음과 온 영혼과 모든 힘을 다해 하나님을 섬기고 사랑할 것을 요구하십니다 [신 4:29; 마 22:37; 막 12:30; 눅 10:27].[15]

그러므로 말씀에 대한 가르침은 반드시 진리의 교리에 따라 주의 깊고 정확하게 이루어져야 합니다. 그렇게 함으로 순전한 묘사들과 선명한 개념들, 그리고 올바른 판단들이 아이들의 마음속에 심어지고, 진리에 대한 필수적인 지식이 아이들의 의식과 정신 안에 형성될 것입니다. 진리에 대한 선명한 묘사가 없는 감정의 고양과 정서의 깨우침은 매우 위험합니다. 이런 것들은 진리에 이르는데 해로우며, 거짓과 오류로 향하는 문을 열 뿐 아니라, 심한 무절제의 잦은 원인이 됩니다.

그러나 진리에 대한 선명한 묘사들과 온전한 개념들만으로는 충분하지 않습니다. 특별히 종교 영역에서는 어느 곳에서도 우리의 성향과 마음에 영향을 받지 않은 채 선명한 묘사들과 개념들을 얻는 것은 완전한 불가능에 가깝습니다. 마음이 없이는 올바른 이해와 필수적인 지식을 절대 얻을 수 없기 때문입니다.

대해 참고하라.

15 [마 22:37] 예수께서 이르시되 네 마음을 다하고 목숨을 다하고 뜻을 다하여 주 너의 하나님을 사랑하라 하셨으니

모든 배움에는 반드시 관심과 흥미, 사랑이 있습니다. 만약 우리가 무엇을 알지 못한다면, 분명히 우리는 그것을 사랑하지 않는 것입니다. 우리는 진실로 우리 영혼의 가장 깊은 곳에 있는 것을 사랑한다는 사실을 진리 안에서 아는 자들입니다.

그러므로 아이들을 훈련하고 양육하는 것은 지침을 따르는 것이 아닙니다. 먼저 지성을 교육하고, 그 후에 마음을 훈련하는 것이 아닙니다. 우리가 해야 할 일은 순전하고도 선명한 진리의 개념들을 그들의 마음속에 욱여넣는 것이 아니라, 훗날 아이들이 진심으로 참된 믿음을 받아들이고, 그 믿음이 삶과 행동에 영향을 미칠 것을 소망하고 기대하는 것입니다. 물론, 처음부터 훈련과 양육과 교육은 반드시 함께 이루어져야 합니다. 훈련에는 항상 교육적인 특성이 담겨 있어야만 합니다. 하나님의 진리는 그 본성상 마음에 참되고 올바른 믿음이 없이는 바르게 이해될 수 없습니다. 진리를 마음에 두지 않은 채 자신의 지성에만 새기고자 하는 사람은 진리의 겉모양만 알 뿐, 진리 그 자체는 이해하지 못합니다.

그러므로 정신과 의지의 영향, 앎과 행함에 대한 준비, 순전하고도 선명한 묘사들에 대한 제공, 정서와 감정에 대한 깨달음

등은 항상 함께 가야만 합니다.¹⁶ 우리는 말씀을 사실들로부터 분리할 수 없고, 사실들을 말씀으로부터 분리할 수도 없습니다. 하나님께서 이 둘을 서로 연합하셨기 때문입니다. 하나님께서는 하나님의 말씀을 진리로 믿는 모든 사람에게 말씀이 표현하는 것을 주시기 위해 스스로를 묶으셨습니다. 그리스도의 형상을 보고 하나님을 아는 자는 영생을 누립니다. 우리가 하나님과 그리스도에 대해 말할 때 이 이름들은 우리에게 단순한 소리로 들려지는 것이 아닙니다. 우리는 그 이름들이 나타내는 존재들에 대해 반드시 생각해야 합니다. 그렇게 할 때 복음은 풍성해집니다. 복음은 추상적인 교리 체계가 아니라, 그 안에서 우리에게 드러나고 보증되며, 지시되고 주어진 보이지 않는 세계이며 영원한 보화입니다.

이런 방식으로 **가정**과 **학교**와 **교리문답** 속에서 교육과 훈련은 진리 안에서 함께 연합하여 역사합니다. 그 결과 우리는 [우리의 자녀들이] 주 하나님이 주시는 복으로 영적 생명이 발전하고 성숙하여 믿음과 회심으로 꽃을 피우고, 마침내 입술과 마음으로 외적으로 뚜렷하게 신앙을 고백하고 선포하게 될 것을 기

---

16 역자 주: 종교에 있어 정신과 의지의 영향에 대한 보다 더 심층적인 논의는 바빙크, 『계시 철학』, 145-183을 참고하라.

대하고 소망하게 될 것입니다.

이런 성장이 위로부터 온다는 사실은 언제나 진리입니다. 여호와께서 집을 세우지 아니하시면 세우는 자의 수고가 헛되기 때문입니다[시 127:1].[17] 부모들과 교사들과 목회자들은 사실 아무것도 아닙니다. 그들은 하나님의 손 안에 들린 도구일 뿐입니다. 하나님만이 우리 자녀들의 유일하고도 참된 아버지시며 훈련사이십니다. 하나님은 그들을 먹이시고 인도하시며, 보존하시고 보호하시며, 강하게 하시고 완전하게 하시는 분이십니다. 하나님은 사람의 역할을 필요로 하지 않으시고, 스스로 만민에게 생명과 호흡과 만물을 주시는 분이십니다[행 17:25].[18] 하나님은 말씀의 능력과 성령의 역사로 [이 세상을] 다스리시고 통제하십니다.

예수님은 포도나무이시고, 그를 믿는 신자들은 그 가지이며, 하늘에 계신 하나님 아버지는 농부이십니다[마 15:1, 5].[19]

---

17 [시 127:1] 여호와께서 집을 세우지 아니하시면 세우는 자의 수고가 헛되며 여호와께서 성을 지키지 아니하시면 파수꾼의 깨어 있음이 헛되도다

18 [행 17:25] 또 무엇이 부족한 것처럼 사람의 손으로 섬김을 받으시는 것이 아니니 이는 만민에게 생명과 호흡과 만물을 친히 주시는 이심이라

19 [마 15:1, 5] 나는 참포도나무요 내 아버지는 농부라 … 나는 포도나무요 너희는 가지라 그가 내 안에, 내가 그 안에 거하면 사람이 열매를 많이 맺나니 나를 떠나서는 너희가 아무 것도 할 수 없음이라

4장
신앙고백의 본질

4장
신앙고백의 본질

네가 만일 네 입으로 예수를 주로 시인하며 또 하나님께서
그를 죽은 자 가운데서 살리신 것을 네 마음에 믿으면
구원을 받으리라 사람이 마음으로 믿어 의에 이르고
입으로 시인하여 구원에 이르느니라

로마서 10장 9-10절

살아서 자라가는 모든 것은 시간이 필요합니다. 기계는 짧은 시간 안에 빠르게 조립될 수 있지만 생명과 성장은 억지로 이루어지지 않습니다. 인위적으로 성장을 촉진하면 마치 온실에서 자란 식물처럼 격렬한 폭풍 앞에서 버틸 재량이 없는 존재가 될 뿐입니다.

우리의 영적 생명도 모든 유기적 존재들이 피조된 이 발전의

법칙 아래 있습니다. 성경은 하나님의 자녀들 안에 다양한 차이가 있다는 것을 인정합니다. 성경은 예수님의 양 떼들 중 어린 양들과 젖먹이들이 있으며, 믿음에 있어 어린아이들과 젊은이들과 아버지들이 있다고 말합니다. 성경은 신자들 가운데 미성숙한 자들과 성숙한 자들을, 젖을 먹는 자들과 단단한 고기를 먹는 자들로 구분합니다. 우리는 우리 주 예수 그리스도의 지식과 은혜 가운데 자라가고[벧후 3:18],[1] 하나님을 따라 의와 진리의 거룩함으로 지으심을 받은 새 사람을 입도록, 속사람이 강건하게 되고 우리 마음에 계신 성령으로 새롭게 되도록 계속해서 권면과 교훈을 받습니다[엡 4:23-24].[2]

자연적인 생명이 그러하듯이, 영적 생명도 반드시 성장해야 합니다. 이 생명은 사람들에게서 숨길 수 없고, 땅 속에 보물처럼 묻혀서도 안 되며, 무기력하게 놓여 있어서도 안 됩니다. 생명은 모든 나태함과 게으름과는 어울리지 않습니다. 생명은 노력이며, 힘이며, 행동입니다. **살아 있는** 모든 것은 움직이고 성장합니다. 생명이 성장하는 과정에서 때때로 방해를 받거나 주춤

---

1 [벧후 3:18] 오직 우리 주 곧 구주 예수 그리스도의 은혜와 그를 아는 지식에서 자라 가라 영광이 이제와 영원한 날까지 그에게 있을지어다

2 [엡 4:23-24] 오직 너희의 심령이 새롭게 되어 하나님을 따라 의와 진리의 거룩함으로 지으심을 받은 새 사람을 입으라

할 수는 있지만, **생명**이 있는 한, 그 활동은 생명과 분리되지 않습니다. 더 넓은 의미에서 볼 때 영적 생명도 이와 같습니다. 이 생명은 성령을 통해 거듭남의 씨앗으로 심겼고, 영원하고 파괴되지 않는 특성을 가지고 있습니다. 영적인 삶은 어디서든지 스스로를 드러내며, 말과 행동 가운데 나타나고, 믿음과 회심의 행위들로 발전합니다. 실로 믿음이 존재하는 곳에는 그 믿음과 함께 하는 신앙고백이 존재하기 마련입니다.

신앙고백은 더욱 훌륭하고 영광스러운 사실에 대한 아름다운 표현입니다. 그러나 우리의 마음의 상당한 부분에서 그 아름다움과 능력을 잃어버렸습니다. 우리가 신앙고백을 하거나 다른 사람의 신앙고백을 들을 때, 우리는 일반적으로 기독교회의 신앙고백서들을 떠올리거나 교회의 젊은이들이 성찬에 참여하는 것을 허락받기 위해 그들의 일생 가운데 단 한번 하는 공적 신앙고백을 생각하곤 합니다.

하지만 "신앙고백"이라는 단어의 이런 의미들은 상대적인 것입니다. 성경에 드러난 원래의 의미는 이보다 더 풍성하고 깊습니다. 원래 의미에 따르면, 신앙고백을 한다는 것은 한 사람이 예수님을 그리스도로 믿는 개인적인 믿음을 공개적으로 증명하고 증언하는 것과 다름없습니다.

이 안에는 두 가지 의미가 포함되어 있습니다. 첫째, 신앙고백은 참되고 올곧은 믿음, 깊고 확고한 마음의 확신입니다. 마음속에 믿음이 없다면, 그 어떤 진정한 신앙고백도 불가능합니다. 신앙고백은 마음의 일입니다. 마음속에 뿌리를 내리고 마음으로부터 나오는 일이며 마음속 믿음의 열매입니다. 믿음 없이 하는 신앙고백은 입술만 움직이는 가치 없는 일, 가식적인 외침의 반복이며, '신앙고백'이라는 아름다운 이름에 걸맞지 않는 비인격적이고 거짓이 가득한, 위선적인 행위입니다. 이런 신앙고백은 예수 그리스도께서 살아계시는 동안 거룩한 분노로 비판하고 정죄하신 바리새인들의 모습과 같습니다. 이 모든 위선은 회칠한 무덤과 같이 겉으로는 아름다워 보이지만, 안으로는 죽은 자들의 뼈와 모든 더러운 것으로 가득 차 있습니다[마 23:27].[3]

둘째, 참된 신앙고백은 마음속 신앙을 부끄러워하지 않고 공개적으로 증거하고 증언하는 진실한 일입니다. 믿지 않는 사람은 **고백**할 수 없습니다. 하지만 진리와 참된 의 가운데 믿는 사람은 **반드시** 고백하게 됩니다. 신자는 침묵하지 않습니다. 신자는 하나님과 천사들 앞에서, 친구와 적들이 들을 수 있도록 외칩니다. 모욕과 치욕, 경멸과 미움과 박해가 뒤따른다 하더라도

---

[3]   [마 23:27] 화 있을진저 외식하는 서기관들과 바리새인들이여 회칠한 무덤 같으니 겉으로는 아름답게 보이나 그 안에는 죽은 사람의 뼈와 모든 더러운 것이 가득하도다

신자는 큰 소리로, 힘 있고 자유롭게 신앙을 고백합니다. 우리는 믿습니다. 그러므로 우리는 고백합니다.

예레미야는 자신이 한 예언 때문에 사람들에게 심한 조롱과 조소를 당했지만, 그는 침묵할 수 없었습니다. 주 하나님께서는 예레미야를 붙드셨고 강하게 다스리셔서 그에게 이기셨습니다. 비록 예레미야는 다시는 여호와를 선포하지 아니하며 그의 이름으로 말하지 않겠다고 했지만, 이내 그의 마음은 불붙는 것 같아 입을 닫을 수가 없었다고 말했습니다[렘 20:9].[4] "사자가 부르짖은즉 누가 두려워하지 아니하겠느냐 주 여호와께서 말씀하신즉 누가 예언하지 아니하겠느냐"[암 3:8]

그러므로 마음으로 믿고 입으로 고백하는 일은 서로 함께 하고, 불가분의 관계에 있습니다. 믿고 고백하지 않는 사람은 고백만 하고 믿지 않는 사람만큼 하나님의 법에 모순을 일으키는 사람입니다. 어떤 교부가 말했던 것처럼 참되며 확고하며 꼭 필요한 믿음과 자유로운 고백은 둘 다 필요합니다. 이런 믿음과 고백은 믿음의 확신과 더불어 마음을 아름답게 장식하며, 그 혀로 두려움 없이 진리를 고백할 수 있게 합니다. 또 다른 증거가

---

4 [렘 20:9] 내가 다시는 여호와를 선포하지 아니하며 그의 이름으로 말하지 아니하리라 하면 나의 마음이 불붙는 것 같아서 골수에 사무치니 답답하여 견딜 수 없나이다

있습니다. 마음은 입술을 필요로 하는데, 사람들 앞에서 공적인 고백이 없이 마음만으로 믿는 것이 과연 어떤 열매를 맺을 수 있겠습니까? 마음으로 믿는 것도 의롭다 여김 받을 수 있지만, 그럼에도 불구하고 완전한 구원은 신앙고백에 달려있습니다. 믿음은 신앙고백으로 드러날 때에만 비로소 빛을 발하며, 그 후에야 그 믿음을 통한 많은 유익과 혜택을 받게 됩니다. 반면, 입술도 마음을 필요로 하는데, 그리스도를 고백하는 사람들 중에, 자신이 고백했던 그리스도로부터 마음이 멀리 떨어져 있는 사람도 많기 때문입니다[마 15:8].[5]

그러므로 사도 바울은 마음의 믿음으로 의로움에 이르고, 입술의 고백으로 구원을 얻는 것이 반드시 함께 한다고 말했습니다[롬 10:9-10].[6] 분명한 사실은 마음의 믿음과 입술의 고백은 우리의 생각 속에서 서로 분리되지 않고, 주 예수님에 대한 고백과 그의 부활을 믿는 믿음도 역시 분리되지 않는다는 점입니다.[7]

---

[5] [마 15:8] 이 백성이 입술로는 나를 공경하되 마음은 내게서 멀도다

[6] [롬 10:9-10] 네가 만일 네 입으로 예수를 주로 시인하며 또 하나님께서 그를 죽은 자 가운데서 살리신 것을 네 마음에 믿으면 구원을 받으리라 사람이 마음으로 믿어 의에 이르고 입으로 시인하여 구원에 이르느니라

[7] 역자 주: 바빙크의 유기적 · 통합적 · 종합적 신학 방식이 고스란히 드러나는 문장이다. 삼위일체 하나님의 세 위격들은 서로 구별되지만 분리되지 않는 것처럼, 또한 그리스도의 두 본성이 서로 구별되지만 분리되지 않는 것처럼, 바빙크의 신학 방식은 구별성과

믿음과 고백은 예수님의 주되심과 죽음에서 부활하심이 분리되지 않는 것처럼, 의로움과 구원이 나뉘지 않는 것처럼, 서로 분리됨 없이 함께 묶여 있습니다. 그럼에도 사도 바울이 강조했던 것처럼, 비록 마음의 믿음을 통해 의롭다 인정받지만, 그 믿음이 신앙고백을 통해 드러날 때 참되고 의롭게 하는 믿음으로 증명됩니다. 우리는 고백이 아니라 믿음으로 의롭게 됩니다. 그러나 **의롭게 하는 이** 믿음은 먼저 고백 가운데 드러나 분명해지는 **참된** 믿음입니다. 참되고 의롭게 하는 믿음만이 신앙고백이라는 방법으로 우리를 구원으로 이끕니다. 거룩함이 없이는 누구도 하나님을 볼 수 없습니다[히 12:14].[8] 믿음의 열매인 신앙고백이 없이는 천국에 들어갈 수 없습니다. 신앙고백은 공로의 결과로 주어지는 것이 아니라 구원으로 향해 가는 존귀한 왕의 길입니다.

그러므로 믿음과 고백은 서로 영향을 미치며 서로에게 버팀목과 지지대가 됩니다. 고백하지 않는 믿음은 부끄럽고 소심하며 사라질 수 있는 믿음입니다. 이런 믿음은 점점 시들기 시작

분리성에 대한 명확한 이해 가운데 구별 사이의 유기적 통합성을 적극적으로 지향하는 형태를 지닌다.

[8] [히 12:14] 모든 사람과 더불어 화평함과 거룩함을 따르라 이것이 없이는 아무도 주를 보지 못하리라

하고, 심지어 그릇되고 거짓된 모습으로 발견되기도 합니다. 믿음 없는 고백은 줄기가 없는 꽃에 지나지 않으므로, 결국 시들어 조각처럼 떨어지게 됩니다. 반면, 믿음은 신앙고백을 통해 힘과 능력과 활력을 얻어, 더욱 확고해지며, 마음 밭에 굳건하게 깊이 뿌리내립니다. 또한 신앙고백은 믿음을 통해 생기와 뜨거움을 얻으며, 용기와 자유를 누리고 비밀처럼 보이지 않는 불꽃을 통해 끊임없이 보존되고 힘을 공급받습니다.

소위 공적 신앙고백은 **한번** 행한 후 영원히 지속되는 헐겁고 분리된 행위가 아닙니다. 이런 해석은 많은 사람들에 의해 발견되었고, 여전히 지지를 받고 있습니다. 사람들은 엄숙한 신앙고백의 시간을 위해 몇 주 전부터 스스로를 준비합니다. 그들은 이 준비기간 중에 유흥과 오락을 멀리하며 스스로를 준비합니다. 그들은 더욱 정기적으로 교회의 공예배와 교리교육에 참석합니다. 신앙고백을 하는 날에 그들은 새 옷을 입고 옵니다. 아마도 그들은 신앙고백을 한 이후 주의 만찬에 **일단 한 번** 참여할 것입니다. 그러나 모든 것은 금방 잊혀질 것입니다. 삶은 이전의 옛 방식들로 되돌아가고 아무 일도 없었다는 듯이 계속될 것입니다.⁹

---

9 역자 주: 바빙크 시대의 모습과 현대 교회의 모습 사이에 놀라운 유사성이 있는 것이 참

이런 신앙고백은 어떤 방식으로든 고백이라는 이름의 가치가 없습니다. 이런 행위는 단순히 해야 할 일을 부여받아 끝내는 것에 불과합니다. 이런 고백은 무의식적으로, 아무런 고민 없이 전해지고 따라왔던 오랜 관습보다 나을 것이 하나도 없습니다.

이런 행위는 믿음으로 하는 신앙고백을 만들어내지 **못합니다**. 신앙고백은 훨씬 더 풍성하고 중요한 의미를 지니고 있습니다. 교회의 젊은 구성원들이 회중 앞에서 처음으로 자신의 개인적인 믿음을 고백하는 시간은 분명히 진지하고, 장엄하며, 인상적인 시간입니다. 이 시간이야말로 미성년자가 성년으로 진입하는 삶의 여정 가운데 놓인 이정표이며, 그리스도를 통해 그의 신자들에게 베풀어주신 모든 권리와 특권으로 들어가는 순간입니다. 우리는 [성례를 할 때 행하는 교리문답을 통해] 우리가 하는 긍정적인 답변 가운데서 시간과 영원에 묶입니다. 하나님께서는 이 답변으로 우리를 굳게 붙잡고 계시며, 언젠가는 이 답변에 따라 우리를 심판하실 것입니다. 그리스도께서는 이 답변을 계속 기억하실 것이고, 언젠가는 이 답변에 대한 설명을 요구하실 것입니다. 성령께서 이 답변을 우리의 영혼과 기억 가

으로 놀랍다. 현대 교회의 교인들도 성례 시간을 교회 회원이 되기 위한 통과의례 정도로만 치부한 채, 아무런 책임과 역할 없이 성례를 대하는 모습이 팽배하다.

운데 지키고 보존하시며 끊임없이 이 답변을 우리에게 나타내시고, 죽음의 순간에서도, 심지어 영원무궁토록 우리에게 알려 주실 것입니다. 언젠가는 이 답변이 우리를 시험할 것이며, 만약 이를 통과하지 못할 경우 이 답변은 우리를 대적하여 우리의 얼굴에 날아올라 우리가 받을 저주를 더욱 무겁게 할 것입니다.

우리의 신앙을 고백하는 행위는 우리의 삶과 동떨어진 채로 존재하지 않습니다. 신앙고백은 로마 교회의 성례와 다릅니다. 신앙고백 자체는 특별하거나 초자연적인 거룩함을 지니고 있지 않습니다. 신앙고백은 거룩하지 않은 삶의 영역과 분리하는 울타리가 아닙니다. 신앙고백은 우리를 왕이신 예수 그리스도의 군사들 가운데 새로운 부대에, 특별한 계급으로 편입시키는 것이 아닙니다. 아무리 공적 신앙고백이 진지하게 이뤄진다 하더라도 이것은 우리의 이전 신앙고백들, 이후에 뒤따르는 신앙고백들과 분리되지 않고 매우 밀접하게 연결되어 있습니다.

매일의 신앙고백이 단 한 번 있는 공적 신앙고백보다 우선합니다. 모든 신앙고백은 고유한 기준과 방식, 언어로 이루어집니다. 뛰어노는 아이들, 행복하고 쾌활한 어린이들, 활기찬 젊은이들 모두 저마다의 방식으로 신앙을 고백합니다. 믿음이 유일하고 참된 능력이라면, 어린아이처럼 마음속에 하나님을 두려워하는 진실한 믿음이 있다면, 이런 믿음은 항상 빛나며 드러나게 될 것입니다. 이런 믿음은 스스로를 드러내며, 우리는 이 믿음이 경건한 욕구와 올바른 정신을, 부드러운 마음과 거룩한 것들을 향한 경외함을, 기도의 즐거움과 악한 것들에 대해 두려워하는 마음을 주며, 그릇되고 죄악된 것들로부터 우리를 지켜내는 것을 볼 수 있습니다. 신앙고백은 우리의 자녀들이 아주 어렸을 때부터 하는 것이고, 하나님은 그들의 신앙고백을 기쁘게 들으십니다.

성경은 이에 대해 어떻게 말하고 있습니까? "예수께서 이르시되 어린아이들을 용납하고 내게 오는 것을 금하지 말라 천국이 이런 사람의 것이니라 하시고"[마 19:14] "여호와 우리 주여 주의 이름이 온 땅에 어찌 그리 아름다운지요 주의 영광이 하늘을 덮었나이다 주의 대적으로 말미암아 어린 아이들과 젖먹이들의 입으로 권능을 세우심이여 이는 원수들과 보복자들을 잠잠하게 하려 하심이니이다"[시 8:1-2] "그러나 하나님께서 세상의 미련한 것을 택하사 지혜 있는 자들을 부끄럽게 하려 하시고 세상의 약한 것들을 택하사 강한 것들을 부끄럽게 하려 하시며"[고전 1:27] 순전하고 올바르며, 솔직하고 겸손한 어린아이들이야말로 온 세상에 걸쳐 빛날 뿐 아니라 그리스도 안에서 가장 밝게 드러나는 하나님의 영광과 위대하심을 선포하는 자들입니다.

유아기의 신앙고백이 공적 신앙고백보다 **앞서는** 것처럼, 공적 신앙고백은 평생에 걸쳐, 죽음에 이르는 순간의 신앙고백에 **뒤따라야** 합니다.

사실, 회중들 앞에서 공개적으로 신앙고백을 하는 첫 번째 목적은 성찬에 참여할 수 있도록 허락을 받기 위함입니다. 공적 신앙고백을 통해 언약의 만찬에 참여할 수 있는 길이 열립니다. 그러므로 세례와 성찬이 서로 분리된 것으로 보이지만 실제로는 그렇지 않습니다. 세례와 성찬은 서로 묶여 있습니다.

그러므로 이처럼 말해야 할 것입니다. 세례와 성찬은 똑같은 가치를 지닌 성례입니다. 세례와 성찬은 똑같은 능력과 의미를 가지고 있습니다. 세례와 성찬은 같은 언약의 표지요 보증입니다. 하나님의 말씀으로 제정된 세례와 성찬은 우리 구원의 유일한 근거요 기초인 예수 그리스도의 십자가 희생으로 우리의 믿음을 향하도록 이끕니다. 이 성례들은 같은 신자들에게 주어졌고 허락되었습니다. 신약 성경에서 세례는 대개 어른들에게 베풀어졌습니다. 그래서 신앙고백이 세례보다 앞선 것입니다. 세례 받은 사람은 그 즉시 성찬에 참여했습니다.

그러나 유아세례가 일반적으로 시행되면서 [성인세례와 유아세례는] 자연스럽게 점점 구분되었습니다. 세례는 언약의 자녀들에게만 베풀 수 있습니다. 그 이유는 세례가 거듭남과 그리스도의 교회로의 연합에 대한 성례이기 때문입니다. 그러나 성찬은 우리가 우리 스스로 쪼개진 빵을 받아 먹고 잔을 받아 마시는 것을 전제로 하는 성례입니다. 그러므로 성찬이 바르게 실행되기 위해서는 우리 자신을 점검하고 살피며 주님의 몸을 분별하는 능력이 반드시 선행되어야 합니다. 이런 성찬이야말로 주 예수님과의 친밀한 교제 가운데 영적인 삶을 증진시키고 세워나가는 성례이므로 자주 반복해서 시행되어야 합니다.

따라서 신앙고백은 점차 세례와 성찬 사이에 위치하게 되었고, 세례와 성찬을 분리하지 않은 채 상호 관계 가운데서 세례로부터 성찬으로 이끌게 되었습니다. 신앙고백은 세례를 전제로 하며 성찬에 참여하도록 준비시킵니다. [유아]세례 받은 아이는 신앙고백으로 자신의 세례를 인정받으며, 언약의 두 번째 표지요 보증인 성찬에 참여하도록 허락해주길 기대합니다. 하나님께서는 은혜 가운데 [유아]세례 받은 아이를 자신의 양자로 삼으시고, 이 아이는 이해력과 분별력, 자신의 삶과 의무에 대한 의식, 겸손함과 순전함, 믿음과 확신이 생길 때 하나님이 바로 자신의 하나님이라는 사실을 모든 사람 앞에서 고백하게 됩니다. 그 아이는 하나님의 손에 자신의 손을 맡깁니다. 이 아이는 자유롭고 선명한 의식으로 자신이 태어날 때부터 이루어진 그 언약의 관계를 인정하고 받아들입니다. 주 하나님의 "나는 네 하나님이라"라는 확증에 그는 "나는 진실로 주의 종이요 주의 여종의 아들 곧 주의 종이라 주께서 나의 결박을 푸셨나이다"[시 116:16]라고 대답합니다. 하나님께서는 자신의 모든 자녀를 자유와 독립성 가운데 훈련하시고 양육하십니다. 하나님께서는 주의 권능의 날에 주의 백성이 헌신하기를 원하십니다[시 110:3].[10] 우리가 하나님을 사랑할 수 있는 이유는 하나님께서 먼저 우리를 사랑해주셨기 때문입니다[요일 4:19].[11]

이런 고백이야말로 엄숙한 신앙고백의 시간 가운데서 성찬에 참여하는 신자가 선포해야 하는 고백입니다. 신자는 회중들과 더불어 성찬에 앉을 때 신앙고백을 합니다. 성례에서 첫 번째로 강조하는 점은 하나님께서 자신의 선물과 은혜로 무슨 일을 하시는가에 대한 것입니다. 하나님은 은혜와 선물 가운데서 그리스도와 더불어 그리스도께서 얻으신 모든 유익과 혜택을 우리에게 베풀어 주십니다. 성찬은 하나님께서 거듭나게 하시고 그분의 가정인 교회 안으로 들이신 사람들을 먹이고 보호하기 위해 우리의 구세주 예수 그리스도를 통해 특별히 제정되었습니다. 우리는 우리의 영적 생명을 튼튼하게 하기 위해 믿음의 입으로 그리스도의 살을 먹고, 그의 피를 마십니다.

두 번째로, 성례는 우리 편에서 행하는 믿음의 고백입니다. 성찬은 우리 자신에 대한 참된 분별과 성찰이 선행하는데, 참된

---

[10] [시 110:3] 주의 권능의 날에 주의 백성이 거룩한 옷을 입고 즐거이 헌신하니 새벽 이슬 같은 주의 청년들이 주께 나오는도다

[11] [요일 4:19] 우리가 사랑함은 그가 먼저 우리를 사랑하셨음이라

분별과 성찰은 세 가지 요소를 포함합니다.

첫째, 우리는 우리의 죄악들과 그로 인해 우리에게 닥친 저주, 그리고 궁극적으로 우리 자신이 하나님 앞에서 얼마나 혐오스러운 존재인지를 스스로 생각해야 합니다. 둘째, 우리는 하나님의 신실한 약속, 즉 우리의 모든 죄악이 오로지 예수 그리스도의 고난과 죽음을 통해 용서받았고, 그리스도의 완전한 의가 우리에게 전가되어 값없이 우리의 것이 되었다는 사실을 믿고 있는지 우리의 마음을 점검해야 합니다. 마지막으로, 우리의 모든 삶 속에서 하나님께 진정으로 감사하고 있는지, 하나님 앞에서 바르게 살아가고 있는지 우리의 양심을 점검해야 합니다.

우리가 성찬에 참여할 때 얼마나 중요한 신앙고백들이 이루어지고 있습니까! 우리는 우리 스스로가 얼마나 완전하고 의로운지를 증명하기 위해 성찬으로 나오는 것이 아닙니다. 그 반대로, 우리는 우리 자신으로부터 나와 예수 그리스도 안에서 우리의 생명을 찾으며, 우리가 죽음 한가운데 거하고 있다는 사실을 인정하며 성찬으로 나오는 것입니다. 우리는 예수 그리스도만이 우리 영혼의 참된 양식이며, 우리가 바로 그리스도의 몸의 지체들이라는 사실을 성찬 가운데 고백합니다. 우리는 다수이지만 떡은 하나이고, 우리는 모두 한 몸이며 우리 모두 하나의

빵에 참여하는 자들이기 때문입니다[고전 10:17].[12]

한편 성찬은 우리의 삶과 멀리 떨어져 있거나 우리의 삶을 초월하여 있지 않습니다. 우리가 성찬에 참여할 때마다 하나님의 세밀한 은혜를 새롭게 경험하며, 이 은혜가 특별한 방식으로 우리 눈에 드러나고 우리의 마음에 확신을 준다는 점에서 성찬은 분명히 특별합니다. 성찬은 일 년에 겨우 몇 차례밖에 시행되지 않았고, 그마저도 모든 사람이 신실하게 참여하는 것도 아니었기 때문에 우리에게 매우 자주 이상하고 신비스러운 일로 인식되었습니다. 그럼에도 성찬을 통해 우리에게 허락되는 은혜는 복음의 말씀이 우리와 계속해서 연합하고, 그 말씀이 우리를 매일 먹이는 것입니다. 그래서 초기 기독교 공동체 속에서 성찬은 안식일마다, 또 신자들의 매주 모임 속에서 시행되었습니다. 성찬은 초기 기독교 공동체 신자들이 걸어간 순례의 길 가운데 드린 모든 예배와 성도의 교제, 삶의 여정의 중심이었습니다. 성찬은 그리스도와의 친밀한 교제, 즉 항상 우리가 말씀을 붙잡고 믿음을 통해 그 말씀을 즐거워한다는 표지이며 보증입니다. 우리는 언약의 식사에 참여할 때 뿐 아니라 주일에 회중들과 함께

---

[12] [고전 10:17] 떡이 하나요 많은 우리가 한 몸이니 이는 우리가 다 한 떡에 참여함이라

기도의 전으로 올라갈 때도 그 믿음을 증명하고 나타냅니다.

우리가 참된 신자일수록, 우리는 우리의 삶 전체를 통해 이 믿음의 고백을 해야 합니다. **믿음**은 그 반대의 일을 할 수 없기 때문입니다. 믿음은 반드시 고백합니다. 믿음은 선행을 반드시 베풀어야 하는지에 대해 질문하지 않습니다. 그런 질문을 하기 전에 이미 선행을 베풉니다. 입술과 마음, 말과 행동, 삶과 행동으로 하는 신앙고백은 마음속에서부터 우러나오는 믿음과 분리될 수 없습니다. 이 믿음은 나무의 열매이고 꽃의 향기이며, 태양의 빛이고 꿀의 달콤함입니다. 참된 믿음을 통해 그리스도에게로 접붙임 받은 사람이 그 어떤 감사의 열매도 맺지 않는다는 사실은 불가능합니다.

신자는 주일 뿐 아니라 주중에도, 교회에서뿐만 아니라 집과 학교와 상점과 공장에서도, 사무실과 가게와 시민생활과 사회생활 가운데서도, 배움과 학문의 장에서, 친구들과 적들 가운데서, 천사들과 사람들 앞에서도 신앙을 고백합니다.

신자는 교회의 공예배를 지키면서, 그리스도인으로서 구제 행위를 하면서, 기독교적 교육을 하면서, 가난한 사람들을 보살피고 매인 자들과 옥에 갇힌 자들을 돌아보면서, 헐벗은 자를 입히고 굶주린 자를 먹이면서, 우는 자를 위로하고 난폭한 자를 교훈하며 핍박하고 불신하는 자들에게 권면하는 가운데, 세상으로부터 스스로를 흠 없이 지키고자 소망하면서 신앙을 고백합니다.

 믿고 고백하는 신자의 삶 그 자체가 예수 그리스도 안에서 하나님을 기쁘시게 하는 살아 있고 거룩한 제사가 됩니다.

5장
신앙고백의
내용

5장
신앙고백의 내용

> 빌립이 이르되 네가 마음을 온전히 하여 믿으면 가하니라
> 대답하여 이르되 내가 예수 그리스도께서 하나님의
> 아들인 줄 믿노라
>
> 사도행전 8장 37절[1]

성경에 의하면 신앙고백의 내용에는 특별히 두 가지가 포함됩니다.

첫째, 모든 참된 신앙고백에는 우리의 죄책과 죄악에 대한 인

---

[1] 역자 주: 이 구절은 개역개정판 성경에는 없다(성경에 '없음'이라고 표시됨). 하지만 원서가 인용한 킹제임스(KJV) 성경에 있다. 이는 각 성경이 근거한 사본의 차이 때문이다.

정이 포함되어 있습니다. 구약 시대의 대속죄일에 대제사장은 살아 있는 염소의 머리 위에 양 손을 올리고 이스라엘 자손들의 어떤 죄든 상관없이 그들의 모든 부정함과 죄악에 대해 고백하고, 그 모든 부정함과 죄악을 염소의 머리에 둔 후 그 염소를 광야로 내보내야만 했습니다.

이것은 대제사장을 통해 모든 백성의 이름으로 이루어진 공통적이고 일반적인 신앙고백이었습니다. 하지만 이런 공통적이고 일반적인 신앙고백이 개인적이고 개별적인 죄의 고백을 배제한 것은 아니었습니다. 왜냐하면 이 개인적이고 개별적인 신앙고백은 구약의 책들 가운데서, 특히 소위 '참회시'라고 부르는 시편에서 반복적으로 들려졌기 때문입니다. 이 참회시는 다윗과 솔로몬, 이사야와 예레미야, 다니엘과 같은 이들의 기도의 중요한 부분을 형성합니다.

이 세상에는 이스라엘 자손처럼 자신의 죄를 이처럼 깊이 통감하고 겸손하게 고백하는 사람이나 민족은 없습니다. "수많은 재앙이 나를 둘러싸고 나의 죄악이 나를 덮치므로 우러러볼 수도 없으며 죄가 나의 머리털보다 많으므로 내가 낙심하였음이니이다"[시 40:12] "주의 진노로 말미암아 내 살에 성한 곳이 없사오며 나의 죄로 말미암아 내 뼈에 평안함이 없나이다 내 죄악이 내 머리에 넘쳐서 무거운 짐 같으니 내가 감당할 수 없나이다"[시 38:3-4] "주의 종에게 심판을 행하지 마소서 주의 눈 앞에는 의로운 인생이 하나도 없나이다"[시 143:2] "여호와여 주께서 죄악을 지켜보실진대 주여 누가 서리이까"[시 130:3]

이런 죄의 고백은 신약 시대의 교회로까지 이어졌습니다. 세례요한이 회개를 외치며 등장했을 때, 많은 사람이 요단강에서 자신의 죄를 고백하고 그에게 세례를 받았습니다. 예수님은 자신에게로 다가오는 고통 받는 많은 사람들의 몸의 질병을 자주 고쳐주셨고, 죄의 용서와 영혼의 구원이라는 훨씬 더 좋은 선물을 주셨습니다. 예수님은 다음과 같은 기도를 제자들에게 가르쳐주셨습니다. "우리가 우리에게 죄지은 자를 사하여 준 것 같이 우리 죄를 사하여 주옵시고"[마 6:12] 예수님은 세리의 비유를 통해 의로우시고 거룩하신 하나님 앞으로 나아갈 때 우리가 마땅히 가져야 할 마음을 가르쳐주셨습니다. 세리는 멀리 떨어져서 하늘을 올려다보지도 못한 채 자신의 가슴을 치며 다음과 같이 말했습니다. "하나님이여 불쌍히 여기소서 나는 죄인이로소이다"[눅 18:13] 만일 우리가 우리의 죄를 고백한다면, 하나님은 참되고 신실하고 의로우시기 때문에 우리의 죄악을 용서해주실 것이며, 모든 부정함으로부터 우리를 깨끗하게 하실 것입니다[요일 1:9].[2]

---

[2] [요일 1:9] 만일 우리가 우리 죄를 자백하면 그는 미쁘시고 의로우사 우리 죄를 사하시

이처럼 죄의 고백이 반드시 필요하고 중요하지만, 그 자체로는 충분하지 않습니다. 우리의 비참함에 대한 교리는 그 자체로 홀로 서 있지 않고 구원과 감사의 교리의 길을 준비합니다.[3] 그렇습니다. 자신의 죄와 비참함을 진정으로 깨닫고 고백하는 자가 이미 신자입니다. 주일마다 행하는 하이델베르크 교리문답에서 인간의 비참함에 대해 다룰 때, 여기에 등장하는 인간은 불신자가 아니라 고백하는 신자입니다. 제1주차의 문답에서 신자는 이미 자신의 유일한 위로를 기뻐하고, 살아서나 죽어서나 그의 몸과 영혼이 모두 더 이상 그의 것이 아니라 그의 신실한 구주 예수 그리스도의 것이라고 고백합니다.[4]

죄책에 대한 참되고 바른 고백이 구원에 이르는 믿음의 열매

며 우리를 모든 불의에서 깨끗하게 하실 것이요

[3] 역자 주: 바빙크는 여기서 하이델베르크 교리문답의 구조를 말하고 있다. 하이델베르크 교리문답은 "우리의 유일한 위로(1~2문), 우리의 죄와 비참함에 대하여(3~11문), 우리의 구원에 대하여(12~85문), 우리의 감사에 대하여(86~129문)"의 구조로 구성되어 있다.

[4] 역자 주: 하이델베르크 요리문답 1문답
문. 살아서나 죽어서나 당신의 유일한 위로는 무엇입니까?
답. 살아서나 죽어서나 나는 나의 것이 아니요, 몸도 영혼도 나의 신실한 구주 예수 그리스도의 것입니다. 그리스도께서는 그의 보혈로 나의 모든 죗값을 완전히 치르고 나를 마귀의 모든 권세에서 해방하셨습니다. 또한 하늘에 계신 나의 아버지의 뜻이 아니면 머리털 하나도 땅에 떨어지지 않도록 나를 보호하시며, 참으로 모든 것이 합력하여 나의 구원을 이루도록 하십니다. 그러하므로 그분은 그의 성령으로 나에게 영생을 확신시켜 주시고, 이제부터는 마음을 다하여 즐거이 그리고 신속히 그를 위해 살도록 하십니다.

입니다. 진리 안에서 겸손히 자신의 죄를 고백하는 자는 이미 확실히 주 하나님을 찾았고, 하나님의 얼굴 앞에 자신의 자리를 찾았으며, 전능하신 분의 존재 앞에서 자기 자신을 찾은 자이기 때문입니다. 이는 신자가 스스로 할 수 있는 일이 아니기에 하나님께서 긍휼이 많으시고 은혜로우시며 노하기를 더디 하시고 인자하심이 풍부하시다는 사실을 믿을 수밖에 없습니다[시 103:8].[5]

믿음 없이 죄를 고백하는 일도 분명히 있습니다. 세상 사람들도 자신 안에 있는 커다란 비참함을 종종 깨닫습니다. 가인은 "내 죄벌이 지기가 너무 무거우니이다"[창 4:13]라고 말했으며, 가룟 유다도 "내가 무죄한 피를 팔고 죄를 범하였도다"[마 27:4]라고 외쳤습니다. 깊이 통회하는 마음으로부터 오는 것이 아닌, 죄의 결과에 대한 절망의 외침도 존재합니다. 하나님께로 이끌지 않고, 오히려 하나님으로부터 멀어지게 하고 하나님을 대적하게 만드는 후회와 절망도 존재합니다. 구원에 이르게 하는 회개를 이루지 않고 사망을 이루는 세상 근심도 있습니다[고후 7:10].[6]

---

5 [시 103:8] 여호와는 긍휼이 많으시고 은혜로우시며 노하기를 더디 하시고 인자하심이 풍부하시도다
6 [고후 7:10] 하나님의 뜻대로 하는 근심은 후회할 것이 없는 구원에 이르게 하는 회개를 이루는 것이요 세상 근심은 사망을 이루는 것이니라

하지만 죄를 향한 참된 고백은 이런 절망적 외침과는 전적으로 다른 특징을 갖고 있습니다. 참된 고백은 깊이 회개하는 영으로부터 오는데, 이 영은 하나님께 멸시받지 않고, 오히려 하나님을 기쁘시게 하는 영입니다. 죄는 하나님을 진노하게 하고 그의 율법에 반대되는 것이므로, 참된 고백은 죄책의 결과가 아니라 죄책의 본질에 대해 강조점을 둡니다. 참된 고백은 간곡한 회개를 포함하는데, 우리가 우리의 죄로 하나님을 분노하게 했고, 하나님의 의로움에 반해, 더 나아가 하나님의 사랑을 배반하는 끔찍한 죄를 저질렀기 때문입니다. 그렇기에 예수님은 이렇게 말씀하셨습니다. "내가 와서 그들에게 말하지 아니하였더라면 죄가 없었으려니와 지금은 그 죄를 핑계할 수 없느니라"[요 15:22]

참된 고백은 하나님을 향한 슬픔을 동반하며 후회할 것이 없는 구원에 이르는 회개를 동반합니다. 참된 고백은 하나님의 존전에서 이루어지며 하나님으로부터 숨지 않습니다. 이 고백은 하나님을 의로우실 뿐 아니라 은혜와 자비가 많은 분으로 인식하는 믿음으로부터 태어나고, 그 믿음과 함께 합니다. 이 고백이 믿음의 고백이고, 믿음을 통한 고백이며, 믿음으로 향하는 신앙고백입니다. 믿음은 비참함을 알고 난 후 처음으로 나타나는 것이 아닙니다. 오히려 믿음은 비참함을 아는 것에 앞서며, 비참함을 바르게 깨닫게 합니다. 율법 위에서 은혜의 말씀이 빛납니다. "나는 네 하나님 여호와니라"[출 20:2] 참된 회심은 감사의 한 부분입니다.

둘째, 성경은 우리에게 참된 고백이 주 하나님의 이름에 대한 고백을 포함한다고 가르칩니다. 회심과 주 하나님의 이름에 대한 고백은 함께 속해 있습니다. 주 하나님의 이름에 대한 고백은 여호와 주 하나님을 신실하고 자비로우시며, 그리스도 안에서 모든 은혜의 약속을 성취하셨음을 스스로 드러내시는 언약의 하나님으로 믿고 인정하는 고백이기 때문입니다. 참되고 바른 마음으로 회개하는 자는 살아계신 하나님께로 방향을 돌이켜, 그리스도 안에 계신 성부 하나님과 화해합니다.

그래서 세례요한이 신약 시대에 등장해 회개와 죄에 대한 고백을 요구했을 뿐 아니라, 세상 죄를 지고 가는 하나님의 어린 양을 가리킨 것입니다. 세례요한은 율법과 회개를 외치는 설교자였을 뿐 아니라, 복음의 전조(前兆)요 믿음의 설교자였습니다. "회개하라 천국이 가까이 왔느니라"[마 3:2] 세례요한의 뒤에 오시는 분은 그의 이전에도 계셨던 분인데, 세례요한도 그 분의 신발 끈을 푸는 것조차 감당하지 못할 분이십니다[행 13:25].[7] 세례

---

7   [행 13:25] 요한이 그 달려갈 길을 마칠 때에 말하되 너희가 나를 누구로 생각하느냐 나는 그리스도가 아니라 내 뒤에 오시는 이가 있으니 나는 그 발의 신발끈을 풀기도 감당하지 못하리라 하였으니

요한은 회개의 방법으로 허락된 죄 용서의 표지와 보증으로 세례를 베풀었습니다.

신약 성경에서 신앙고백의 전체 내용은 예수가 그리스도시고, 살아계신 하나님의 아들이라는 몇 단어로 자주 표현되었습니다[마 16:16].[8] 사람들 앞에서 예수 그리스도를 이렇게 고백하는 자는 장차 하늘에 계신 하나님 아버지 앞에서 예수 그리스도에 의해 이를 고백하게 될 것입니다. 예수님을 따르던 많은 무리들이 물러가고, 더 이상 그와 함께 하려하지 않는 진지하고 엄숙한 순간에 예수님은 열두 제자들에게 물으셨습니다. "너희도 가려느냐"[요 6:67] 그러자 시몬 베드로가 모든 제자를 대표해 대답했습니다. "주여 영생의 말씀이 주께 있사오니 우리가 누구에게로 가오리이까 우리가 주는 하나님의 거룩한 자이신 줄 믿고 알았사옵나이다"[요 6:68-69] 에디오피아의 내시가 이 훌륭한 신앙고백을 했을 때, 그는 바로 빌립에게 세례를 받았습니다. 이 고백을 통해 예수 그리스도께서 육체로 오신 것을 모든 영이 알게 됩니다[요일 4:2].[9] 그러므로 누구든지 예수를 하나님의 아들

---

8 [마 16:16] 시몬 베드로가 대답하여 이르되 주는 그리스도시요 살아 계신 하나님의 아들이시니이다

9 [요일 4:2] 이로써 너희가 하나님의 영을 알지니 곧 예수 그리스도께서 육체로 오신 것을 시인하는 영마다 하나님께 속한 것이요

로 고백하는 자는 하나님께서 그 안에 거하시고 그도 하나님 안에 거하게 됩니다[요일 4:15].[10]

예수님은 약속된 메시아이시며, 선지자와 제사장과 왕으로 거룩하게 기름 부음 받으셨습니다. 이 내용은 비록 짧지만, 기독교 신앙 전체를 간단하게 요약할 수 있는 내용입니다. 이 내용이야말로 계시의 핵심이고 성경의 중심이며, 모든 신앙고백의 뼈대와 골수이자, 구원에 대한 모든 진리의 중심 교리일 뿐 아니라, 주위로 퍼져 나가는 하나님을 아는 모든 지식의 흐름과 빛의 중심입니다. 그리스도의 위격은 기독교의 본질을 결정합니다.

그리스도의 교회는 이런 신앙고백을 받아들여 유대인들과 이방인들 사이에서 고유하고 독립적으로 자리 잡았습니다. 교회는 신앙고백으로 유대인들과 이방인들로부터 구별되고 구분되었습니다. 교회는 신앙고백으로부터 시작해 계속해서 믿음과 삶의 풍성한 성장을 이루었습니다. 처음에는 모든 사람이 주 예수님에 대한 고백으로 세례를 받았으나, 시간이 흘러서는 성부와 성자와 성령의 이름을 고백하는 것으로 확장되었습니다. 신

---

10 [요일 4:15] 누구든지 예수를 하나님의 아들이라 시인하면 하나님이 그의 안에 거하시고 그도 하나님 안에 거하느니라

앙고백은 의심할 여지없이 우리 보편교회의 열두 개의 고백들[11] 안에서 더욱 발전을 거듭했습니다. 이 열두 개의 고백들은 기독교회의 다양한 신앙고백서들 속에서 더욱 구체적으로 연구되었고 더 분명하게 설명되었습니다. 신앙고백서들은 처음에 예수님이 그리스도라는 믿음으로 교회라는 땅에 심은 한 그루의 나무에서 나온 가지들과 잎사귀들입니다.

분명한 사실은, 우리는 이 짧고 간단한 신앙고백 안에서 창조와 타락, 죄와 비참함에 대해 찾을 수 있다는 점입니다. 마치 씨앗과 같이, 그리스도의 전 인격이 그의 이름과 본성, 그의 직분과 상태와 더불어 신앙고백 안에 담겨 있습니다. 개인과 인류, 온 세상을 위한 구원의 모든 서정이 신앙고백 안에 얽히고설킨 채 담겨 있습니다. 유대인에게는 거리끼고 이방인에게는 미련한 그리스도의 십자가 속에서,[12] 죄와 은혜, 율법과 복음, 공의와 자비, 죄책과 용서가 함께 연합하여 조화를 이룹니다. 십자가 안에서 하나님과 세상, 하늘과 땅, 천사들과 인간들, 사람들

---

11 역자 주: 여기서 바빙크가 말하는 "열두 개의 고백들"은 사도신경을 지칭한다. 혹자는 사도신경을 예수 그리스도의 열두 사도들 각각의 실제적 고백 모음집으로 이해하는데 이런 이해는 무리가 있다. 오히려 사도신경은 '사도적 가르침'(Apostolic Teaching)의 보편적 고백 형태로 이해하는 것이 좋다.

12 [고전 1:23] 우리는 십자가에 못 박힌 그리스도를 전하니 유대인에게는 거리끼는 것이요 이방인에게는 미련한 것이로되

과 나라들은 서로 평화의 손을 붙잡고 확장됩니다. 하나님께서 세상의 죄를 세상에 돌리지 않으시고, 그리스도의 십자가를 통해 모든 권세와 능력을 정복하심으로 세상과 자신을 화목하게 하셨기 때문입니다.

우리는 우리 주 예수 그리스도의 은혜로 하나님 아버지의 사랑에 참여하게 되고, 성령의 교통을 즐거이 누립니다.

6장

신앙고백의 다양성

6장
신앙고백의 다양성

> 우리가 다 우리의 각 언어로
> 하나님의 큰 일을 말함을 듣는도다 하고
>
> 사도행전 2장 11절

예수님은 그리스도시고, 살아계신 하나님의 아들이라는 짧고도 간단한 고백은 초대 교회 당시만 하더라도 충분한 신앙고백이었습니다.

하지만 어린아이와 같은 단순한 믿음은 오래 갈 수 없었습니다. 교회 내외적 반대와 사상들의 계몽들로 인해 교회는 신앙고백의 내용을 더욱더 선명하고 명료하게 만들어야 했습니다.

이런 상황 속에서 다양한 논쟁들이 교회 안에 나타났습니다. 신앙고백의 통일성은 쉽게 무너졌고 영원히 사라졌습니다. 비록 모든 시대의 교회와 국가들이 신앙고백의 통일성을 유지하기 위해 다양한 방법과 수단으로 최선을 다했지만, 신앙고백이 나뉘고 분리되는 과정은 심지어 현재까지도 지속되고 있는 형국입니다. 그리스도인들의 사이에는 언제 어디서든 불일치와 논쟁이 끊이지 않습니다. 그리스도의 이름과 말씀으로 모인 교회와 성도들조차도 서로가 서로를 적대하며 대치하고 있습니다. 기독교 신앙의 다양성은 계속 늘어가고 있습니다. 통일성의 회복은 이 세상에서 더 이상 기대하기 어려워 보입니다.

그리스도인들의 분열과 분리는 큰 실망을 낳았습니다. 우리에게는 만물이 그로부터 나오고 우리가 그를 위하여 존재하는, 오직 한 분이신 하나님 아버지와, 만물이 그로 말미암고 우리도 그로 말미암아 존재하는 오직 한 분이신 주 예수 그리스도가 있지 않습니까[고전 8:6]?[1] 교회는 부르심의 한 소망 안에서 부르심을 받고, 오직 한 분이신 주님, 하나의 믿음, 하나의 세례를 소유하고 있는 것 같이 하나의 몸이며 하나의 영입니다[엡 4:4-5].[2] 예

---

1 [고전 8:6] 그러나 우리에게는 한 하나님 곧 아버지가 계시니 만물이 그에게서 났고 우리도 그를 위하여 있고 또한 한 주 예수 그리스도께서 계시니 만물이 그로 말미암고 우리도 그로 말미암아 있느니라

2 [엡 4:4-5] 몸이 하나요 성령도 한 분이시니 이와 같이 너희가 부르심의 한 소망 안에서 부르심을 받았느니라 주도 한 분이시요 믿음도 하나요 세례도 하나요

수님도 제자들이 하나가 되기를, 아버지께서 자신을 보내셨다는 사실을 세상이 알기를 기도하셨습니다. 그러므로 우리는 교회를 통해 흘러나오는 신앙고백이 반드시 하나가 되기를 기대해야 합니다.

게다가 분열과 분리가 존재한다는 것은 단순히 고통스러운 실망감을 안겨줄 뿐 아니라, 그것 자체가 하나님 앞에서 큰 죄이기도 합니다. 우리는 그리스도인으로서 이런 상황으로 인해 우리 자신을 철저히 낮출 수 없습니다. 우리는 우리를 대적하는 크고 무거운 혐의로 고소를 당하고 있는데, 그 원인이 우리의 이해의 어두움과 우리 마음의 냉혹함에 있기 때문입니다.

이 분열과 분리는 기독교 교회 안에서 점차 나란히 세워졌던 신앙고백들이 하나의 동일한 신앙에 대한 서로 다른 표현들로 이해되었다고 말한다고 해서 경감될 수는 없을 것입니다. 이런 신앙고백들이 단어나 표현, 혹은 언어나 방식 정도의 작은 차이를 갖는 것 뿐 아니라, 어떤 특정한 사안에 대해 서로 모순된 입장을 취하기도 하고, 한 쪽에서 인정하는 바를 다른 쪽에서 거부하기도 하기 때문입니다. 은혜로 말미암은 선택인가, 앞을 내다본 믿음으로 말미암은 선택인가,[3] 오직 믿음으로 인한 칭의인

---

3 역자 주: 여기서 말하는 '앞을 내다본 믿음'은 아르미니우스주의나 항론파들이 주장했던

가, 사랑으로 역사하는 믿음으로 인한 칭의인가[4] 성찬 시에 그리스도께서 영적으로 임재하시는가, 아니면 육체적으로 임재하시는가[5] 등은 동일한 사안에 대한 서로 다른 이름의 표현이 아니라, 서로 모순되는 해석의 문제들입니다. 신앙고백의 다양성은 우리 지성의 어두움에 의해 비롯되는 이런 오류들과 절대 혼동되어서는 안 됩니다. 그러므로 우리는 현재 기독교회 가운데 나란히 함께 존재하는 다양한 신앙고백들에 대해 무관심하거

조건적 예지예정에 근거한 칭의의 논리 구조를 말한다. 조건적 예지예정에 근거한 칭의의 논리 구조는 칭의의 근거를 무조건적인 하나님의 은혜와 객관적인 신적 작정에 두지 않고, 향후 인간이 믿을지 안 믿을지를 미리 내다 본 하나님의 예지에 둔다. 이런 예지예정론 속에서는 하나님께서 칭의의 시작점이 되는 것이 아니라, 인간이 시작점이 되는데 그 이유는 인간이 믿을지 안 믿을지가 조건이 되어 칭의의 시작점을 좌지우지하기 때문이다.

4 역자 주: 여기서 말하는 '사랑으로 역사하는 믿음'은 로마 가톨릭 교회나 신율법주의, 혹은 세미 펠라기우스주의 형식의 칭의론 구조를 말한다. 핵심은 오직 믿음만이(*sola fide*) 칭의의 수단인가, 아니면 믿음 이외에 무엇을 더해야 하는가이다. 바빙크가 말하는 '오직 믿음을 통한 칭의'는 행위가 거세된 반율법주의형 칭의를 말하는 것이 아니라, 참되고 바른 믿음의 결과로서의 행위를 포함한, 즉 성화와는 구별되지만 분리되지 않는 칭의를 말하는 것이다.

5 역자 주: 여기서 말하는 '그리스도의 육체적 임재'는 종교개혁자였던 마르틴 루터(Martin Luther, 1483-1546)가 로마 가톨릭 교회의 화체설(化體說, a theory of transubstantiation), 즉 성찬 시 떡과 포도즙이 사제의 축복을 통해 그리스도의 몸과 피의 실체로 변한다는 사상에 반대하여, 공재설(共體說, a theory of consubstantiation) 즉, 떡과 포도주의 본체는 그대로 있지만 그리스도의 몸과 피의 본체가 떡과 포도즙 안에 함께 연합하신다는 주장을 지칭한다.

나 중립적인 태도를 취할 수 없습니다. 어떤 때는 강제적으로, 어떤 때는 인위적인 수단으로 그리스도의 교회의 통일성을 보존하고 회복하기 위해 온갖 노력을 다했던 과거 모든 시대의 그리스도인들의 선한 의도에 경의를 표해야 합니다.

그럼에도 불구하고 이 모든 시도들이 매우 선한 의도에서 시작되긴 했지만, 오히려 진리가 왜곡되고, 자유는 억압되었으며, 다양성이 증가된 것 외에 그 어떤 다른 결과도 만들어내지 못했다는 사실을 반드시 기억하고 고려해야 합니다. 정당한 이유 없이 자신을 모든 영역으로부터 분리시키는 자는 스스로가 새로운 분파의 머리가 될 큰 위험성을 갖고 있기 때문입니다.

게다가 우리는 하나님께서 자신의 손으로 역사를 주관하신다는 것과 역사 속에서 자신의 지혜로운 계획과 판단을 실행하신다는 사실도 절대 잊지 말아야 합니다. 하나님의 섭리는 모든 것들을 다스리기 때문에, 그 어떤 것에도 우연은 없으며, 특히 성부 하나님께서 교회의 머리와 왕으로 그리스도를 특정해 기름 부으신 기독교회 속에는 더욱 우연이란 존재하지 않습니다. 사실 그리스도인들 사이에서 분열과 분리가 점점 많아지는 상황은 하나님의 다스리심 없이는 일어날 수 없습니다. 이 모든 상황은 하나님의 계획 안에서 받아들여지고 결정되었으며, 여기에는 분명히 하나님의 높고도 지혜로운 목적이 있습니다.

비록 이 분열 속에서 드러난 죄를 결코 정당화할 수는 없지만, 다른 한 편으로는 이 다양성을 통해 생겨난 큰 유익들을 간과하는 것도 옳지 않습니다. 하나님은 종종 사람들이 악하다고 생각한 것을 선한 것으로 여기셨습니다. 하나님은 어두운 가운데서 빛을 내시는 분이십니다. 하나님은 죽음으로부터 생명을, 인간의 수치로부터 하나님 이름의 존귀와 영광을 드러내시는 분이십니다. 전능하신 하나님은 악과 불의함과는 비교할 수 없을 만큼 높이 떨어져 계신 분이시므로, 자신의 완전함의 영광과 그의 왕국을 세우기 위해 죄까지도 지배하고 사용할 수 있는 분이십니다.

그리스도와 그의 제자들을 통해 선포된 진리 그 자체가 인간의 정신에 반영되자마자, 이 진리는 곧바로 그 순수성을 잃어버렸고, 모든 종류의 오류들과 함께 불순하게 되어버렸습니다. 이단과 분파들은 사도 시대부터 시작되었습니다. 그럼에도 불구하고 진리는 교회의 완전함과 다양함 가운데 점점 더 선명하게 드러나고 깊이 이해되었고, 교회는 하나님께서 교회를 위해 그의 말씀에 두시고 계시하셨던 구원의 신비함 속으로 점차 더 깊이 이끌림을 받았습니다.

우리 자녀들의 삶은 저마다 완전히 다릅니다. 성별과 나이, 재능과 성격, 훈련과 환경, 사는 지역과 만나는 사람들, 시간과 공간, 계층과 지위, 은사와 생각과 마음의 다양성 등은 사물들을 생각하고 해석하는 데 커다란 차이를 만들어냅니다. 두 사람은 어느 한 가지 면에서도 완전히 같을 수 없습니다.

자연스럽게 존재하는 이런 다양성은 은혜로 인해 사라지는 것이 아닙니다. 은혜는 자연을 억누르거나 폐하지 않고, 회복하고 새롭게 하며, 다양한 영적 은사들과 함께 자연스러운 다양성을 증가시킵니다.[6] 분명히 이 모든 은혜의 역사들은 같은 한 영에 의해 이루어지는 것이지만, 하나님의 뜻에 따라 각자에게 다르게 주어집니다.

하나님께서는 통일성 안에서 다양성을 사랑하십니다.[7] 모든 창조세계가 산과 골짜기, 바다와 섬과 같은 자연 만물을 통해, 이 땅의 무기질과 식물, 동물과 인간들의 나라들을 통해, 행성과 별들이 가득한 우주를 통해, 수없이 많은 거룩한 천사들이 거하는 하늘의 하나님 나라를 통해 통일성 안에 두신 하나님의 다양성을 확증합니다. 하나님의 본성의 무한하고 풍성한 큰 영

---

[6] 역자 주: 신칼빈주의(Neo-Calvinism) 전통이 추구하는 대표적인 모토이다. 이를 다르게 표현하자면, 특별계시는 일반계시를 파괴하거나 대체하지 않고, 오히려 일반계시를 회복하고 갱신한다. 이런 관점 속에서 은혜와 자연, 특별계시와 일반계시, 효과적 부르심과 일반적 부르심 사이의 유기적 관계성이 선명히 드러난다.

[7] 역자 주: '통일성 안에서의 다양성, 다양성 안에서의 통일성'이라는 표현은 본서 전반에 걸쳐 바빙크의 논지를 이끌어 가는 중심축 중 하나이다. 특히 바빙크는 『계시 철학』에서 이 원리를 주축으로 계시와 철학, 계시와 자연, 계시와 역사, 계시와 종교, 계시와 기독교, 계시와 종교 경험, 계시와 문화, 계시와 미래와 같은 주제들을 관통하고 있다.

광이 그의 손으로 하신 모든 일들 가운데 드러납니다. 하나님의 완전함과 속성들은 창조세계를 통해 드러납니다.

이런 다양성은 재창조 안에서도 여전히 더욱 선명하고 풍성하게 드러납니다. 먼저, 모든 사람 중에서 가장 아름다우시며 은혜와 진리를 자신의 입술로부터 쏟아내시는 그리스도로부터 드러납니다. 그리스도의 주변에는 족장들과 선지자들, 사도들과 복음 전도자들, 순교자들과 개혁자들, 그리스도의 피와 그리스도의 영으로 새롭게 된 구원 받은 자들 전체의 큰 무리가 촘촘히 둘러싸고 있습니다. 그들은 천국에서도 땅에서도 서로 다른 자들입니다. 이런 다양성은 비록 인간의 죄와 죄책과 오류에도 불구하고 진리를 아는 지식에 이르고 은혜의 영광을 드러내는 경향성을 지니고 있습니다. 그리스도께서는 이 다양성을 예배와 연결시키시며, 자신의 교회를 이 다양성과 함께 꾸며가기도 하십니다. 성령께서도 이 다양성을 사용하셔서 모든 사람이 자신의 언어로 하나님의 큰 일을 선포하게 하십니다. 마지막 때에 하나님은 모든 방언과 족속, 민족과 국가로부터 교회의 모든 명예와 영광을 다 받으실 것입니다.

이런 이유로 신앙고백의 모든 다양성 가운데서 서로 다른 관계들이 반영되어 은혜가 자연에 나타나는 것은 그리 놀랄만한 일이 아닙니다. 기독교의 본질은 성부의 창조, 죄로 인한 타락, 하나님의 아들의 죽음으로 말미암은 회복과, 성령 하나님의 은혜를 통한 하나님 나라로의 재창조입니다. 그러므로 언제 어디서나 제기되는 커다란 질문은 이것입니다. "자연과 은혜의 관계는 무엇인가?" 실제로 모든 사람은 자신의 생각과 삶, 의지와 행동 가운데서 자연과 은혜 사이의 관계를 반드시 조정해야 합니다. 좀 더 넓은 영역들, 즉 교회와 국가, 가정과 사회, 학문과 교육 가운데서도 자연과 은혜의 관계는 끊임없이 드러납니다. 창조와 재창조, 이 땅의 나라들과 하나님의 나라, 인본주의와 기독교, 아래로부터 오는 것과 위로부터 오는 것은 어떤 관계가 있습니까?

모든 사람은 자신의 개인적 특성 혹은 성격에 따라 이 관계성을 서로 다르게 규정하고 자신의 삶에 서로 다르게 적용합니다. 은혜를 교리로 생각하느냐, 아니면 삶으로 생각하느냐에 따라 큰 차이가 있습니다. 은혜를 자연에 덧붙여진 초자연적인 첨가로 볼 것인가, 아니면 죄로 인한 병의 치료제로 볼 것인가, 자신의 마음속에만 주어지는 것으로 볼 것인가, 아니면 인간의 모든 풍요롭고 충만한 삶 전체에 주어지는 것으로 볼 것인가, 영혼을 구원하는 일만 하는가, 아니면 하나님의 모든 사역으로부터 하나님의 영광을 준비하는 경향을 가지고 있는가 등, 보는 시각에 따라 큰 차이가 나타납니다. 이런 다름 때문에 신자들 사이에서, 심지어 하나의 같은 교회의 회원들의 신앙고백에서도 크고 작은 차이가 존재합니다. 진리는 분명히 **하나**이지만 이 하나의 진리는 각 사람의 의식 가운데 서로 매우 다양하게 반영됩니다. 오직 하나의 태양이 창공에서 빛을 발하지만, 모든 사람이 그 빛을 각자의 눈으로 바라보는 것과 같습니다.

비록 기독교회 신앙고백들 사이에 차이점이 이처럼 크게 존재할지라도, 우리는 서로 다른 신앙고백들 가운데 선명하고 단순하게 드러나는 통일성을 결코 간과해서는 안 됩니다. 우리는 한쪽으로 치우치기 쉽습니다. 신앙고백의 각 조항에 대해 차이와 논쟁이 있다는 사실을 부인할 수는 없습니다. 하지만 신앙고백들이 신자들을 서로 분열하게 하는 것만 주목하면서, 우리는 신앙고백이 신자들을 연합하게 한다는 사실을 너무 쉽게 잊어버립니다. 지엽적으로 존재하는 불일치 때문에 조화와 화합은 우리의 시야에서 너무 깊이 감춰져 있습니다.

하지만 이런 화합은 여전히 존재합니다. 신자들은 그리스도에게 접붙여져 그의 몸의 지체가 되었기 때문에 영적으로 완전하지는 않지만 여전히 모두 **하나**입니다. 외적으로도 눈에 보이는 끈이 모든 기독교회와 신앙고백을 두르고 있어서, 모든 비그리스도인으로부터 구분합니다.

기독교회 속 신앙고백의 다양성이라는 것은 진리의 어떤 내용을 가장 앞에 두었는가와 같은 유사한 차이점들을 말하는 것이 분명히 아닙니다.

사실 신앙의 불일치 너머에 있는 기독교 공동체는 없습니다.

수많은 기독교회와 신앙고백서들 사이의 차이점들은 기계적으로 일치하지 않습니다. 가장 나중에 만들어진 신앙고백서에 모든 내용이 다 포함되어 있다고 해서, 가장 처음 만들어진 신앙고백서를 그 안에서 따로 분리해낼 수는 없습니다. 각각의 신앙고백은 유기체, 다르게 표현하자면 유기적 전체입니다.[8] 심지어 모든 교회가 받아 들여왔던 열두 개의 신앙고백[9] 속에서도 로마 가톨릭 교회는 그 자신만의 특징을 드러냅니다. 개혁교회와 루터교회, 침례교회와 아르미니우스주의를 따르는 교회들은 선택 교리, 교회론, 성례론 뿐 아니라, 신론, 기독론, 창조론, 섭리론, 구원론, 칭의론 등에서도 서로 다릅니다.

비록 기독교 안에 신앙의 불협화음이 있긴 하지만, 바른 시각으로 볼 때 통일성은 신자들이 서로 분열되고 분리되는 것보다 훨씬 더 크고 무한히 중요한 것입니다. 비록 다양성 안에서 통일성을 분리하는 것은 불가능한 일이지만, 통일성은 다양성 안에서 분명히 실제로 존재하며, 선명하고 단순하게 드러납니다. 기록된 신앙고백들은 특별히 이런 차이점들을 설명하는데 종

---

[8] 역자 주: '통일성 가운데 다양성, 다양성 가운데 통일성' 원리는 '유기성'(organic concept)이라는 원리 안에서 움직여가는 바빙크의 특징적 담론이다. 현재 많은 바빙크 연구자들이 바빙크 사상의 유기성에 집중하는 경향의 이유도 바로 여기에 있다.

[9] 역자 주: 사도신경을 의미한다.

종 한계를 드러내기도 하지만, 기록되지 않은 조항들, 즉 기도, 신앙의 열매, 자비 사역들 속에서는 놀랄만한 화합이 드러나기도 합니다. 사람이 입으로 하는 불완전한 고백은 마음으로 믿는 것들을 종종 제대로 표현하지 못합니다.

이는 하나님의 아들을 믿는 신앙과 지식의 통일성이 [신앙고백의] 다양성이라는 방법으로 이루어져 마지막 때에 그 모든 영광을 드러내는 것이 주 하나님의 기뻐하는 뜻이라는 사실을 나타냅니다. 훗날 우리가 다 하나님의 아들을 믿는 것과 아는 일에 하나가 되어 온전한 사람을 이루어 그리스도의 장성한 분량이 충만한 데까지 이를 때[엡 4:13],[10] 모든 성도가 지식에 넘치는 그리스도의 사랑을 알고 그 너비와 길이와 높이와 깊이가 어떠함을 깨달아 하나님의 모든 충만하신 것으로 가득 채워질 것입니다[엡 3:18-19].[11]

---

10 [엡 4:13] 우리가 다 하나님의 아들을 믿는 것과 아는 일에 하나가 되어 온전한 사람을 이루어 그리스도의 장성한 분량이 충만한 데까지 이르리니

11 [엡 3:18-19] 능히 모든 성도와 함께 지식에 넘치는 그리스도의 사랑을 알고 그 너비와 길이와 높이와 깊이가 어떠함을 깨달아 하나님의 모든 충만하신 것으로 너희에게 충만하게 하시기를 구하노라

7장

신앙고백의 보편성

7장
신앙고백의 보편성

> 그런즉 누구든지 사람을 자랑하지 말라 만물이
> 다 너희 것임이라 바울이나 아볼로나 게바나 세계나
> 생명이나 사망이나 지금 것이나 장래 것이나
> 다 너희의 것이요 너희는 그리스도의 것이요
> 그리스도는 하나님의 것이니라
> 고린도전서 3장 21-23절

신앙고백의 다양성은 그 보편성을 침해하지 않습니다. 기독교 세계 가운데 불완전한 모습으로 다양하게 존재했던 수많은 교회가 있었지만, 우리는 그리스도인으로서 함께 하나의 거룩한 공교회를 고백합니다.

이런 의미에서 보편교회 혹은 공교회는 기독교의 고백으로 온 땅에 퍼져 있고, 모든 참된 신자를 포함하며, 모든 사람에게 적용되며, 모든 세상에 의미가 있는 교회임을 나타냅니다. 기독교는 모든 나라와 시대, 모든 지위와 계층, 모든 공간과 시간에 적용이 가능한 세계적 종교입니다. 공교회라는 뜻은 교회가 신앙고백이라는 가장 순수한 방식으로 기독교의 세계적인 특징을 가장 자유롭게 적용한 표현입니다.

기독교의 보편성과 공교회성은 하나님의 통일성과 직접적으로 연결되어 있습니다. 하나님은 한 분이시며, 그의 말씀과 사역들은 절대로 서로 모순되지 않습니다. 만물은 하나님의 의식과 뜻과 계획 속에서 관계와 체계를 가집니다. 이 모든 것은 보이지 않는 하나님의 형상이시고, 모든 피조물보다 먼저 나시며, 만물이 그로부터 창조된 하나님의 아들 안에 함께 존재합니다[골 1:15-17].[1] 또한 하나님의 아들은 그리스도이십니다. 그는 길이요 진리요 생명이시며, 그로 말미암지 않고는 그 누구도 성부 하나님께로 나아올 수 없습니다[요 14:6].[2] 하늘 아래 있는 이름 중

---

1 [골 1:15-17] 그는 보이지 아니하는 하나님의 형상이시요 모든 피조물보다 먼저 나신 이시니 만물이 그에게서 창조되되 하늘과 땅에서 보이는 것들과 보이지 않는 것들과 혹은 왕권들이나 주권들이나 통치자들이나 권세들이나 만물이 다 그로 말미암고 그를 위하여 창조되었고 또한 그가 만물보다 먼저 계시고 만물이 그 안에 함께 섰느니라

2 [요 14:6] 예수께서 이르시되 내가 곧 길이요 진리요 생명이니 나로 말미암지 않고는 아버지께로 올 자가 없느니라

죄인들을 구원할 수 있는 유일한 이름입니다[행 4:12].[3] 교회의 머리이시며, 성부 하나님께서 모든 충만으로 그 안에 거하게 하셔서 십자가의 피로 화평을 이루사 만물 곧 땅에 있는 것들이나 하늘에 있는 것들이 그로 말미암아 화목하도록 만드셨습니다[골 1:18-20].[4]

그러므로 기독교야말로 완전한 종교이며, 유일하고 본질적인 참 종교입니다. 기독교는 기독교 외의 다른 종교가 기독교와 동등한 가치를 지니는 것을 용인하지 않습니다. 진리가 언제나 비(非)진리에 관용적이지 않았고 절대 관용적이어서도 안됐던 것처럼, 기독교는 그 본성상 관용적이지 않습니다. 기독교는 종교들 중 **첫 번째**가 되는 정도로도 만족하지 않습니다. 오히려 다른 종교들 속에 있는 참되고 선한 모든 것을 흡수하고 성취하는 유일하고 참되며 완전한 종교입니다.[5] 그리스도는 다른 사람

---

[3] [행 4:12] 다른 이로써는 구원을 받을 수 없나니 천하 사람 중에 구원을 받을 만한 다른 이름을 우리에게 주신 일이 없음이라 하였더라

[4] [골 1:18-20] 그는 몸인 교회의 머리시라 그가 근본이시요 죽은 자들 가운데서 먼저 나신 이시니 이는 친히 만물의 으뜸이 되려 하심이요 아버지께서는 모든 충만으로 예수 안에 거하게 하시고 그의 십자가의 피로 화평을 이루사 만물 곧 땅에 있는 것들이나 하늘에 있는 것들이 그로 말미암아 자기와 화목하게 되기를 기뻐하심이라

[5] 역자 주: 종교로서 기독교의 유일무이성에 대한 심층적인 논증은 바빙크, 『계시 철학』, 287-375를 참고하라.

들과 같은 한 사람(a man)이 아닙니다. 그리스도는 성결의 영으로 죽은 자들 가운데서 부활하사 능력으로 하나님의 아들로 선포되셨고[롬 1:4],⁶ 성부 하나님으로부터 모든 이름 위에 뛰어난 이름을 받으사 모든 무릎이 그 이름 앞에 꿇고 모든 입이 그 이름을 주라 시인하여 하나님 아버지께 영광을 돌리게 하신 인자(the Son of Man)이십니다[빌 2:9-11].⁷

이런 통일성은 필연적으로 기독교의 보편성을 담고 있습니다. 만물의 창조주이신 한 하나님이 계십니다. 하나님과 사람 사이에 유일한 중보자가 계시는데, 그는 온 세상의 구주이십니다. 성자와 성부로부터 나오시는 오직 하나의 영이 계시는데,⁸

---

6   [롬 1:4] 성결의 영으로는 죽은 자들 가운데서 부활하사 능력으로 하나님의 아들로 선포되셨으니 곧 우리 주 예수 그리스도시니라

7   [빌 2:9-11] 이러므로 하나님이 그를 지극히 높여 모든 이름 위에 뛰어난 이름을 주사 하늘에 있는 자들과 땅에 있는 자들과 땅 아래에 있는 자들로 모든 무릎을 예수의 이름에 꿇게 하시고 모든 입으로 예수 그리스도를 주라 시인하여 하나님 아버지께 영광을 돌리게 하셨느니라

8   역자 주: 성령 하나님이 성부 하나님으로부터만 발출되는가(동방교회가 지지) 아니면 성부 하나님과 성자 하나님으로부터도 발출되는가(서방교회가 지지)에 대한 논쟁을 필리오케(filioque) 논쟁이라 부른다. 바빙크는 이 지점에서 서방교회의 생각을 지지하고 있다. 성경도 후자를 보다 더 지지한다고 평가할 수 있는데, 요 15:26(내가 아버지께로부터 너희에게 보낼 보혜사 곧 아버지께로부터 나오시는 진리의 성령이 오실 때에 그가 나를 증언하실 것이요), 롬 8:9(만일 너희 속에 하나님의 영이 거하시면 너희가 육신에 있지 아니하고 영에 있나니 누구든지 그리스도의 영이 없으면 그리스도의 사람이 아니라), 갈 4:6(너희가 아들이므로 하나님이 그 아들의 영을 우리 마음 가운데 보내사 아빠 아버

이 성령은 진리로 이끄는 유일한 인도자이며, 교회의 교사이고, 모든 신자에게 완전한 위로를 주시는 분이십니다.

성경은 기독교의 이런 보편성에 대해 가장 명료하고 아름답게 선포합니다. "하나님이 세상을 이처럼 사랑하사 독생자를 주셨으니 이는 그를 믿는 자마다 멸망하지 않고 영생을 얻게 하려 하심이라 하나님이 그 아들을 세상에 보내신 것은 세상을 심판하려 하심이 아니요 그로 말미암아 세상이 구원을 받게 하려 하심이라"[요 3:16-17] "곧 하나님께서 그리스도 안에 계시사 세상을 자기와 화목하게 하시며 그들의 죄를 그들에게 돌리지 아니하시고 화목하게 하는 말씀을 우리에게 부탁하셨느니라"[고후 5:19] 그리스도는 빛과 생명이시며, 세상의 구주요, 우리 죄와 온 세상의 죄를 위한 화목제물이십니다[요일 2:2].[9] 그리스도 안에서 하늘과 땅의 모든 만물이 하나님과 화목하여 함께 하나가 되

지라 부르게 하셨느니라) 등이 그 증거들이다. 장로교회의 표준 신앙고백 문서인 웨스트민스터 신앙고백서 2장 3절 하반절도 후자를 지지하며 다음과 같이 진술한다. "…아버지는 누구로부터 나지도 혹은 나오지도 않으시며, 아들은 아버지로부터 영원히 나시며, 성령은 아버지와 아들로부터 영원히 나오신다"(… the Father is of none, neither begotten, not proceeding; the Son is eternally begotten of the Father; the Holy Ghost eternally proceeding from the Father and the Son).

[9] [요일 2:2] 그는 우리 죄를 위한 화목제물이니 우리만 위할 뿐 아니요 온 세상의 죄를 위하심이라

었습니다[골 1:20].**¹⁰** 아들을 통해 창조된 이 세상의 상속자가 바로 그 아들로 정해졌습니다[히 1:2].**¹¹** 그 날에 모든 세상 나라가 우리 주와 그의 그리스도의 나라가 될 것입니다[계 11:15].**¹²**

이 위대하고 영광스러운 진리는 매우 자주 부정되었고 제대로 인식되지 못했습니다. 수 세기 동안 복음을 종교적이고 도덕적인 삶을 위한 중요한 요소 정도로 여겼던 그리스도인들이 존재해왔고, 지금까지도 그런 이들을 찾아볼 수 있습니다. 한편 복음의 영향력을 단순히 종교적이고 도덕적인 삶에 관한 것으로만 제한해 가정, 사회, 국가, 학문, 예술 등의 일반적인 삶의 영역에서 그 어떤 가치도 없는 개념으로 치부했던 그리스도인들도 있습니다. 그렇습니다. 많은 사람들이 재창조를 창조와 대비되고 적대적인 것으로 보거나, 혹은 은혜가 자연을 파괴하는 것으로 여깁니다. 그들은 세상에서 자신을 철저히 분리하고 스스로를 고립시키는 사람을 가장 훌륭한 그리스도인이라고 생

---

10 [골 1:20] 그의 십자가의 피로 화평을 이루사 만물 곧 땅에 있는 것들이나 하늘에 있는 것들이 그로 말미암아 자기와 화목하게 되기를 기뻐하심이라

11 [히 1:2] 이 모든 날 마지막에는 아들을 통하여 우리에게 말씀하셨으니 이 아들을 만유의 상속자로 세우시고 또 그로 말미암아 모든 세계를 지으셨느니라

12 [계 11:15] 일곱째 천사가 나팔을 불매 하늘에 큰 음성들이 나서 이르되 세상 나라가 우리 주와 그의 그리스도의 나라가 되어 그가 세세토록 왕 노릇 하시리로다 하니

각합니다.

불신앙을 추구하는 사람들은 이런 생각들을 적극적으로 활용해, 기독교가 모든 문화의 적이기 때문에 이 시대의 인류에게 어떤 측면에서도 더 이상 적합하지 않다고 승리감에 도취된 채 외쳤습니다. 이전 세기에 이런 불신앙의 외침은 자신의 소명을 훌륭하게 완수했으며, 심지어 오늘날에도 이런 방식으로 우울하고 구슬픈 개인에게 위로가 되곤 합니다. 모든 인류에게 기독교는 케케묵은 것이며 거의 없어져 가고 있습니다. 문명, 과학, 예술, 상업주의, 산업 등은 오늘날 인간의 앞에 서서 그를 속박의 집에서 사람들을 이끄는 우상들(gods)이 되어버렸습니다. 하지만 그리스도의 복음은 그 목적을 이루기 위한 일을 합니다. 그리스도의 나라는 이 세상에 속하지 않고, 이 세상에 대해 할 말이 없습니다. 그렇습니다. 종교 전체는 교회와 개인의 영역에서는 어느 정도 존재의 권리를 가지고 있지만 세상이라는 장에는 그 자리가 없습니다. 종교는 정치와도 아무 관련이 없습니다. 과학의 장에서, 예술의 전당에서, 국회의 회의장에서 전능하신 하나님은 제외되었습니다. 세상이 하나님과 거룩한 것들로부터 해방되고 이탈되는 일은 마지막 순간까지 계속될 것입니다.

여기에 부정할 수 없는 진리가 있습니다. 예수님은 실제로 이 땅에 오셔서 자연스러운 삶을 사셨지만, 그는 그 삶을 부인하고 십자가에 다시 내려놓으셨습니다. 예수님은 결혼도 하지 않으셨고, 이 땅에서 어떤 직업이나 전문 직종에 종사하지 않으셨으며, 국가의 어느 공직도 맡지 않으셨습니다. 예수님은 과학자나 예술가도 아니었습니다. 예수님의 모든 생애는 스스로를 죽기까지 순종하셨던 희생의 삶이었습니다. 예수님은 죽기 위해 오셨습니다. 죽음이 그의 삶의 목표이자 목적이었습니다. 예수님이 스스로 말씀하셨듯이, 그는 섬김을 받기 위해 오신 것이 아니라, 도리어 자기 영혼을 많은 사람의 대속물로 주기 위해 오셨습니다[막 10:45].[13]

그러므로 예수님은 자신 뿐 아니라, 자신의 제자들에게도 자신을 따라 자신이 갔던 길을 걸어갈 것을 요구하시기 위해 이 일을 하셨습니다. "누구든지 자기 십자가를 지고 나를 따르지 않는 자도 능히 내 제자가 되지 못하리라"[눅 14:27] "누구든지 제 목숨을 구원하고자 하면 잃을 것이요 누구든지 나를 위하여 제 목숨을 잃으면 찾으리라"[마 16:25] "예수께서 이르시되 내가 진실로 너희에게 이르노니 나와 복음을 위하여 집이나 형제나 자매나 어머니나 아버지나 자식이나 전토를 버린 자는 현세에 있어

---

[13] [막 10:45] 인자가 온 것은 섬김을 받으려 함이 아니라 도리어 섬기려 하고 자기 목숨을 많은 사람의 대속물로 주려 함이니라

집과 형제와 자매와 어머니와 자식과 전토를 백 배나 받되 박해를 겸하여 받고 내세에 영생을 받지 못할 자가 없느니라"[막 10:29-30] "만일 네 손이나 네 발이 너를 범죄하게 하거든 찍어 내버리라 장애인이나 다리 저는 자로 영생에 들어가는 것이 두 손과 두 발을 가지고 영원한 불에 던져지는 것보다 나으니라 만일 네 눈이 너를 범죄하게 하거든 빼어 내버리라 한 눈으로 영생에 들어가는 것이 두 눈을 가지고 지옥 불에 던져지는 것보다 나으니라"[마 18:8-9] 이 무거운 십자가의 복음의 요구에서 무시할 수 있는 가치는 아무것도 없습니다. 복음은 사람을 **위한 것**이지, 그 어떤 측면에서도 사람을 **따르는 것**이 아닙니다. 누구든지 각 시대의 정신과 사조에 따라 복음의 옷을 다르게 입히길 원하는 자에게는 복음의 능력은 힘을 잃고, 그런 식으로 복음의 문을 열고 찾고자 했던 것에 대해 실망만 경험하게 될 것입니다. 그리스도는 분명히 정치 지도자도, 사회 개혁가도 아니셨기 때문입니다. 그리스도의 복음은 사회의 프로그램으로는 적합하지 않습니다. 성경은 법전이 아니며, 예술이나 과학 교과서도 아닙니다. 말씀을 선포하는 일은 인간의 지혜를 설교하는 일이 아니고, 교회의 정치는 지배를 하거나 권력을 행사하는 것이 아닙니다. 집사제도는 빈곤의 문제를 해결하기 위한 제도가 아닙니다.

이런 것들 때문에 그리스도께서 오신 것이 아니고, 그리스도의 말씀이 우리에게 주어진 것도 아닙니다. 그리스도는 구주이십니다. 이것이 그의 이름이요 그의 사역입니다. 그 외에 다른 것은 없으며, 그 어떤 것도 이보다 더 중요하지 않습니다. 그리스도의 희생의 목적은 죄를 지은 자들과 하나님을 화목케 하기 위함입니다. 그리스도의 복음은 구원에 이르는 기쁜 소식입니다. 그리스도의 교회는 성도들의 교제입니다. 기독교는 종교이지, 철학이 아닙니다.

또한 기독교는 완전하고 완벽합니다. 기독교는 참되고 순수하며 완전한 종교이며, 하나님과 모든 피조물 사이의 바른 관계를 회복케 하는 종교입니다. 그리스도 외에 다른 구주는 없습니다. 그리스도만이 진정으로 완전하시며, 그의 복음은 모든 믿는 자에게 구원을 주시는 하나님의 능력입니다[롬 1:16].[14]

그러므로 그리스도는 그 누구도, 그 어떤 것도 거절하지 않으십니다. 아무것도 필요하지 않다고 생각하는 부자는 빈손으로 내쫓으시지만, 가난한 자에게는 선물들로 채우십니다[눅 1:53].[15] 그리스도께서는 자기 의로 가득 찬 바리새인들에게 세 번이나 "화 있을진저"를 외치셨습니다. 그러나 그리스도께서는 세리와

---

14 [롬 1:16] 내가 복음을 부끄러워하지 아니하노니 이 복음은 모든 믿는 자에게 구원을 주시는 하나님의 능력이 됨이라 먼저는 유대인에게요 그리고 헬라인에게로다

15 [눅 1:53] 주리는 자를 좋은 것으로 배불리셨으며 부자는 빈 손으로 보내셨도다

죄인들을 자기에게로 초청하셨고, 병든 자들을 고쳐주셨으며, 걷지 못하는 자를 걷게 만들어 주셨습니다. 한센병 환자를 깨끗하게 하셨고, 보지 못하는 자를 보게 하셨고, 죽은 자를 살리셨습니다. 어린아이들을 안아 그들에게 복을 내려주셨고, 가난한 자들에게 하나님 나라 복음을 선포하셨고, 가시는 모든 곳마다 선을 행하시고 복을 베풀어 주셨습니다.

이 모든 일 가운데 예수님은 사람으로서 이상하게 보일만한 일을 하지 않으셨습니다. 예수님은 세례요한과는 달리 먹고 마시셨으며, 심지어 먹기를 탐하고 포도주를 즐기는 자라는 낙인이 찍히기도 했습니다[마 11:18-19].[16] 예수님은 가나 혼인 잔치의 손님이셨고, 식사 자리에 초대를 받아 응하셨습니다, 그는 제자들의 금식을 금하셨고, 혼인 잔치의 비유를 통해 미래의 구원의 즐거움을 드러내셨으며, 자신의 생애 마지막 날 밤에 제자들에게 이제 더 이상 포도나무에서 난 것을 그들과 함께 마시지 못할 것이지만, 언젠가 성부 하나님의 나라에서 그들과 더불어 새것으로 함께 마시겠다고 약속하셨습니다[마 26:29].[17]

---

16 [마 11:18-19] 요한이 와서 먹지도 않고 마시지도 아니하매 그들이 말하기를 귀신이 들렸다 하더니 인자는 와서 먹고 마시매 말하기를 보라 먹기를 탐하고 포도주를 즐기는 사람이요 세리와 죄인의 친구로다 하니 지혜는 그 행한 일로 인하여 옳다 함을 얻느니라

17 [마 26:29] 그러나 너희에게 이르노니 내가 포도나무에서 난 것을 이제부터 내 아버지의

이 세상 삶 속의 모든 계층과 지위에 대한 법령도 예수님을 통해 인식되고 드러났습니다. 그 이유는 예수님은 성부 하나님이 아니라 사탄의 사역을 와해하러 오셨기 때문입니다. 예수님도 세금을 냈습니다. 유산을 가지고 다투는 형제들 사이에서 재판관의 역할을 거부하셨고[눅 12:13-14],[18] 가이사의 것은 가이사에게 내라고 명하셨습니다[마 22:21].[19] 모세의 자리에 앉은 사람들에게 복종할 것을 요구하셨고, 심지어 가장 절체절명의 순간 속에서도 자신의 제자들이 검을 사용하는 것을 금하셨습니다. 예수님은 결코 반란을 부추기지 않았습니다. 예수님의 입술에서는 항상 사랑의 말씀이 흘러나왔습니다. "너희 원수를 사랑하며 너희를 미워하는 자를 선대하며 너희를 저주하는 자를 위하여 축복하며 너희를 모욕하는 자를 위하여 기도하라[눅 6:27-28]"

그리스도께서는 어린아이와 같은 즐거움으로 창조세계를 사랑하십니다. 그는 자연의 아름다움을 기쁘게 누리시고 그 영광

나라에서 새것으로 너희와 함께 마시는 날까지 마시지 아니하리라 하시니라

18 [눅 12:13-14] 무리 중에 한 사람이 이르되 선생님 내 형을 명하여 유산을 나와 나누게 하소서 하니 이르시되 이 사람아 누가 나를 너희의 재판장이나 물건 나누는 자로 세웠느냐 하시고

19 [마 22:21] 이르되 가이사의 것이니이다 이에 이르시되 그런즉 가이사의 것은 가이사에게, 하나님의 것은 하나님께 바치라 하시니

스러움 속에서 자신을 새롭게 하십니다. 그리스도께서는 이 땅의 풀과 들에 핀 백합화, 하늘의 새들과 바다의 물고기들을 향해 눈을 여십니다. 그는 하늘의 신령한 것들을 설명하기 위해 포도나무와 무화과나무, 겨자씨와 곡물의 낟알, 포도와 가시, 무화과와 엉겅퀴, 들판과 양떼, 고기를 낚는 것과 물건을 사고 파는 것 등을 상징과 비유로 활용하셨습니다. 온 자연 만물이 하늘에 계시고, 악한 자와 선한 자 모두에게 태양을 비추시며, 의로운 자와 불의한 자 모두에게 비를 내리시는 성부 하나님에 대해 말합니다[마 5:45].[20] 그리스도께서는 사치하는 것을 모두 거부하지는 않으셨는데, 마리아가 순전한 나드 한 근을 그리스도께 부었을 때, 낭비라고 불평했던 제자들과는 다르게 이를 매우 고귀한 영광스러운 감사로 기꺼이 받으셨습니다.

그리고 무엇이 모든 것을 완결 짓습니까? 분명히 예수님은 우리를 위해 생명을 내려놓으셨고 다시 그 생명을 취하셔서 죽음에서 부활하셨습니다. 그리스도께서 나무에서 자신의 몸 안에 우리의 죄를 짊어지셨을 때, 그 결과로 그 모든 죄책과 저주와 죽음에서 우리의 생명을 구원하셨을 때, 우리의 생명은 그리

---

[20] [마 5:45] 이같이 한즉 하늘에 계신 너희 아버지의 아들이 되리니 이는 하나님이 그 해를 악인과 선인에게 비추시며 비를 의로운 자와 불의한 자에게 내려주심이라

스도의 소유로 다시 받아들여졌고, 이제는 그 생명이 거듭나 영적으로 승화되어 거룩하게 되었습니다. 예수님이 육체적 죽음에서 부활하신 것은, 기독교가 어떤 인간적인 것들 혹은 자연적인 것들과 적대 상태에 있지 않고, 오히려 죄로 가득한 모든 피조물들을 구원하여 하나님 앞에서 완전히 거룩하게 만드는 종교라는 결정적인 증거입니다.

예수님의 제자들이 반드시 걸어가야 할 길에는 다른 길이 없습니다. 누구든지 예수님은 따르고자 하는 자는 분명히 모든 것을 버려야 하지만[눅 14:33],[21] 삼십 배, 육십 배, 백배의 결실로 다시 되돌려 받게 됩니다[마 13:23].[22] 누구든지 그리스도의 죽으심과 같은 모양으로 연합한 자가 되면, 또한 그의 부활과 같은 모양으로 연합하게 될 것입니다[롬 6:5].[23] 누구든지 그리스도와 함께 고난을 받는 자는 그리스도와 함께 그 영광도 받을 것인데, 그 영광은 하늘에서 먼저 이루어지는 것이 아니라 이 땅에서

---

21 [눅 14:33] 이와 같이 너희 중의 누구든지 자기의 모든 소유를 버리지 아니하면 능히 내 제자가 되지 못하리라

22 [마 13:23] 좋은 땅에 뿌려졌다는 것은 말씀을 듣고 깨닫는 자니 결실하여 어떤 것은 백 배, 어떤 것은 육십 배, 어떤 것은 삼십 배가 되느니라 하시더라

23 [롬 6:5] 만일 우리가 그의 죽으심과 같은 모양으로 연합한 자가 되었으면 또한 그의 부활과 같은 모양으로 연합한 자도 되리라

이미 시작된 영광입니다. 누구든지 그리스도를 믿는 자는 영생을 가졌으며[요 3:16],[24] 날마다 새로워집니다[고후 4:16].[25] 예수님과 그의 제자들이 걸어간 길은 십자가에서 영광으로, 죽음에서 생명으로 간 길입니다. 그러므로 모든 만물도 죽음을 통해 부활로 되돌아옵니다. 그리스도와 함께 죽고 살아난 신자들은, 그들을 사랑하사 그들을 위하여 자기 자신을 버리신 하나님의 아들을 믿는 믿음 안에서 그들의 육체 가운데 남은 삶을 살아갑니다[갈 2:20].[26] 그들은 비록 세상에 대하여 십자가에 못 박혔지만[갈 6:14],[27] 그들은 세상에서 분리되어 살지 않으며, 다만 악에 빠지지 않도록 성부 하나님의 보호를 받습니다[요 17:15].[28] 신자들은

---

[24] [요 3:16] 하나님이 세상을 이처럼 사랑하사 독생자를 주셨으니 이는 그를 믿는 자마다 멸망하지 않고 영생을 얻게 하려 하심이라

[25] [고후 4:16] 그러므로 우리가 낙심하지 아니하노니 우리의 겉사람은 낡아지나 우리의 속사람은 날로 새로워지도다

[26] [갈 2:20] 내가 그리스도와 함께 십자가에 못 박혔나니 그런즉 이제는 내가 사는 것이 아니요 오직 내 안에 그리스도께서 사시는 것이라 이제 내가 육체 가운데 사는 것은 나를 사랑하사 나를 위하여 자기 자신을 버리신 하나님의 아들을 믿는 믿음 안에서 사는 것이라

[27] [갈 6:14] 그러나 내게는 우리 주 예수 그리스도의 십자가 외에 결코 자랑할 것이 없으니 그리스도로 말미암아 세상이 나를 대하여 십자가에 못 박히고 내가 또한 세상을 대하여 그러하니라

[28] [요 17:15] 내가 비옵는 것은 그들을 세상에서 데려가시기를 위함이 아니요 다만 악에 빠지지 않게 보전하시기를 위함이니이다

각자 부르심을 받은 그 부르심 안에서 살아갑니다[고전 7:20].²⁹ 주 하나님께로 회심한 유대인들과 믿음을 갖게 된 헬라인들은 할례를 강제로 요구받지 않습니다. 비록 주 안에서 자유를 얻었지만 종은 여전히 종으로 남아있고, 그리스도의 종이 되었지만 자유롭게 태어난 자는 여전히 자유롭게 살아갑니다[고전 7:22].³⁰ 믿지 않는 남편은 아내로 말미암아 거룩하게 되고, 믿지 않는 아내는 남편으로 말미암아 거룩하게 됩니다[고전 7:14].³¹

모든 자연의 규례는 남아있습니다. 그것들은 혁명으로 와해되지 않고, 새로운 영을 통해 재창조됩니다. "하나님의 나라는 먹는 것과 마시는 것이 아니요 오직 성령 안에 있는 의와 평강과 희락이라"[롬 14:17] "하나님께서 지으신 모든 것이 선하매 감사함으로 받으면 버릴 것이 없나니 하나님의 말씀과 기도로 거룩하여짐이라"[딤전 4:4-5] "끝으로 형제들아 무엇에든지 참되며 무엇에든지 경건하며 무엇에든지 옳으며 무엇에든지 정결하며

---

29   [고전 7:20] 각 사람은 부르심을 받은 그 부르심 그대로 지내라

30   [고전 7:22] 주 안에서 부르심을 받은 자는 종이라도 주께 속한 자유인이요 또 그와 같이 자유인으로 있을 때에 부르심을 받은 자는 그리스도의 종이니라

31   [고전 7:14] 믿지 아니하는 남편이 아내로 말미암아 거룩하게 되고 믿지 아니하는 아내가 남편으로 말미암아 거룩하게 되나니 그렇지 아니하면 너희 자녀도 깨끗하지 못하니라 그러나 이제 거룩하니라

무엇에든지 사랑 받을 만하며 무엇에든지 칭찬 받을 만하여 무슨 덕이 있든지 무슨 기림이 있든지 이것들을 생각하라"[빌 4:8] "만물이 다 너희 것이요 너희는 그리스도의 것이요 그리스도는 하나님의 것이니라"[고전 3:21,23]

그러므로 범사에 유익한 경건은 금생과 내생 모두를 약속합니다[딤전 4:8].³² 하나님의 나라와 그의 의를 구하는 자에게는 모든 것이 더해집니다[마 6:33].³³ 최고의 그리스도인은 최고의 시민입니다. 신앙을 고백하는 그리스도인은 이 세상의 삶을 무시하거나 대치하지 않습니다. 오히려 당당하고 용감하게 세상 속에서 자신의 삶을 품으며, 어디서든지 십자가의 깃발을 세웁니다. 그리스도의 복음은 모든 피조물, 정신과 마음, 영혼과 육체, 가정과 사회, 과학과 예술을 위한 큰 기쁨의 좋은 소식입니다[눅 2:10].³⁴ 그리스도의 복음은 우리를 모든 죄책에서 건지시고, 죽음에서 구원하십니다. 그리스도의 복음은 모든 믿는 자에게 구원

---

32 [딤전 4:8] 육체의 연단은 약간의 유익이 있으나 경건은 범사에 유익하니 금생과 내생에 약속이 있느니라

33 [마 6:33] 그런즉 너희는 먼저 그의 나라와 그의 의를 구하라 그리하면 이 모든 것을 너희에게 더하시리라

34 [눅 2:10] 천사가 이르되 무서워하지 말라 보라 내가 온 백성에게 미칠 큰 기쁨의 좋은 소식을 너희에게 전하노라

을 주시는 하나님의 능력입니다[롬 1:16].³⁵

---

35 [롬 1:16] 내가 복음을 부끄러워하지 아니하노니 이 복음은 모든 믿는 자에게 구원을 주시는 하나님의 능력이 됨이라 먼저는 유대인에게요 그리고 헬라인에게로다

8장

신앙고백을 향한 의무

8장
신앙고백을 향한 의무

> 값으로 산 것이 되었으니 그런즉 너희 몸으로
> 하나님께 영광을 돌리라
>
> 고린도전서 6장 20절

신앙고백의 뿌리와 기원은 분명히 마음에 있지만, 신앙고백의 본질과 특징에 따르면, 신앙고백은 입의 일이며, 입술의 사역입니다.

그러나 신앙고백이 입술의 사역이라는 이 말을 단순히 신앙고백의 부수적이거나 임의적인 추가요소로, 혹은 최소한의 좋은 표현 정도로 여겼던 다양한 의견들이 있습니다. 그리고 그렇게 생각하는 사람들은 이 의견에 대해 어떤 아름다운 생각들로 장식할지 알고 있습니다. 그러나 그리스도를 신뢰하는 인격적 믿음과 영혼의 구원은 입술의 외적인 행위가 아니라 마음에 그 중심이 있습니다. 조용히 고백하고 은밀한 가운데 증명하는 것이 온갖 위대한 말들과 경건한 용어들을 사용하는 것보다 더 가치 있으며 풍성한 열매를 맺습니다. 예수님은 "나더러 주여 주여 하는 자마다 다 천국에 들어갈 것이 아니요 다만 하늘에 계신 내 아버지의 뜻대로 행하는 자라야 들어가리라"[마 7:21]라고 말씀하셨습니다. 진리를 공공연하게 팔거나 돼지에게 진주를 던지는 것보다는[마 7:6]¹ 은밀한 가운데 하나님 앞에서 개인적으로 신앙을 고백하는 것이 더 낫습니다. 하늘나라는 이 세상에 속한 것이 아닙니다[요 18:36].² 하늘나라는 볼 수 있게 임하는 것이 아니라 우리 안에 임하는 것입니다[눅 17:20-21].³ 사람은 눈앞에 있는 것을 보지만, 하나님은 마음을 헤아리시는 분입니다[삼상 16:7].⁴

---

1 [마 7:6] 거룩한 것을 개에게 주지 말며 너희 진주를 돼지 앞에 던지지 말라 그들이 그것을 발로 밟고 돌이켜 너희를 찢어 상하게 할까 염려하라

2 [요 18:36] 예수께서 대답하시되 내 나라는 이 세상에 속한 것이 아니니라 만일 내 나라가 이 세상에 속한 것이었더라면 내 종들이 싸워 나로 유대인들에게 넘겨지지 않게 하였으리라 이제 내 나라는 여기에 속한 것이 아니니라

3 [눅 17:20-21] 바리새인들이 하나님의 나라가 어느 때에 임하나이까 묻거늘 예수께서 대답하여 이르시되 하나님의 나라는 볼 수 있게 임하는 것이 아니요 또 여기 있다 저기 있다고도 못하리니 하나님의 나라는 너희 안에 있느니라

4 [삼상 16:7] 여호와께서 사무엘에게 이르시되 그의 용모와 키를 보지 말라 내가 이미 그

이렇게 입술로 하는 신앙고백을 감싸고 있는 커다란 거짓말과 오류에 반대하여, 마음의 회심이 얼마나 필요한지에 대해 상기하는 것은 반드시 필요한 일입니다. 두려운 위선이 입술의 사역 속에 감춰져 있습니다. 부당하게 정통이라고 불리는 정통이 있는데, 이는 하나님 앞에서 칭의의 근거를, 진리를 겉으로나 지성적으로 받아들이는 데서 찾는 정통입니다. 겉으로 보이는 경건 행위의 공로를 신뢰하는 것도 죄이지만, 배움과 지식의 공로를 신뢰하며 율법을 모르는 사람들을 무시하고 깔보는 것도 이에 못지않게 악합니다. 이런 일은 은혜와 사랑의 사역에 전혀 열매를 맺지 못합니다. 그러므로 이런 잘못된 정통에 반대하여, 강조점을 항상 마음에 두고 하나님의 얼굴 앞에서 올바르게 서도록 권면하는 것이 항상 우리가 가져야 할 의무이자 소명입니다. 거짓된 입술은 주 하나님께 가증스럽지만, 신실하게 행하는 자는 하나님께 기쁨이 되기 때문입니다[잠 12:22].[5] 하나님은 입술로만 가까이 다가오며 찬양하는 자들을 기뻐하지 않으십니다.

를 버렸노라 내가 보는 것은 사람과 같지 아니하니 사람은 외모를 보거니와 나 여호와는 중심을 보느니라 하시더라

[5] [잠 12:22] 거짓 입술은 여호와께 미움을 받아도 진실하게 행하는 자는 그의 기뻐하심을 받느니라

그들의 마음이 하나님으로부터 떠났기 때문입니다[사 29:13].⁶ 하나님께서 각 사람에게 가장 먼저 요구하시는 것은 마음입니다. 생명의 근원이 마음에서 나오기 때문입니다[잠 4:23].⁷ 그리스도인이 된다는 것은 우리가 위대한 말을 하는 것이 아니라, 하나님과 함께 위대한 일을 하는 것입니다.

그렇지만 이런 사실이 성경이 말하는 입술의 고백이 지닌 위대한 가치와 특별한 기쁨을 아예 없애버리지는 못합니다. 성경처럼 모든 위선을 담대하게 드러내면서, 동시에 말의 중요성과 하나님 말씀으로 하는 간증의 능력과 가치를 높이 인정하는 책은 없습니다.

하나님께서 말씀하시는 것은 하나님의 본질적인 속성과 그의 영원하고 변함없는 사역과 다름이 없습니다. 성부께서는 말씀 가운데 말씀이신 아들을 자신의 본성으로부터 영원히 낳으셨으며, 이 아들은 태초부터 하나님과 함께 계셨고 그 자체로 하

---

6 [사 29:13] 주께서 이르시되 이 백성이 입으로는 나를 가까이 하며 입술로는 나를 공경하나 그들의 마음은 내게서 멀리 떠났나니 그들이 나를 경외함은 사람의 계명으로 가르침을 받았을 뿐이라

7 [잠 4:23] 모든 지킬 만한 것 중에 더욱 네 마음을 지키라 생명의 근원이 이에서 남이니라

나님이셨던 말씀이시며[요 1:1].[8] 동시에 스스로 말씀하시는 말씀
이십니다. 하나님께서는 이 말씀을 통해 말씀하심으로 만물을
존재하게 하셨고, 보존하시고, 다스리시고, 재창조하시며, 새롭
게 하십니다. 하나님께서 말씀하신다는 것은 곧 하나님께서 일
하신다는 뜻입니다. 하나님의 말씀은 능력입니다. 하나님께서
말씀하실 때 존재가 이루어지며, 하나님께서 명령하실 때 존재
는 견고히 서게 됩니다[시 33:9].[9] 하나님께서는 없는 것을 있는 것
으로 부르시는 분입니다[롬 4:17].[10]

이런 면에서 인간도 하나님의 형상으로 지음 받았습니다. 인
간은 창조주로부터 이성과 마음을 받았을 뿐 아니라, 혀와 언
어도 받았기 때문에, 인간은 생각하고 느끼면서, 동시에 말하고
증언하도록 부름 받았습니다. 인간이 말할 때는 반드시 하나님
의 위대한 사역을 찬양하고 선포해야만 합니다. 천사들도 하나
님의 보좌 앞에 서서 하나님을 서로 찬양했습니다. "거룩하다
거룩하다 거룩하다 만군의 여호와여 그의 영광이 온 땅에 충만

---

8 [요 1:1] 태초에 말씀이 계시니라 이 말씀이 하나님과 함께 계셨으니 이 말씀은 곧 하나
님이시니라

9 [시 33:9] 그가 말씀하시매 이루어졌으며 명령하시매 견고히 섰도다

10 [롬 4:17] 기록된 바 내가 너를 많은 민족의 조상으로 세웠다 하심과 같으니 그가 믿은
바 하나님은 죽은 자를 살리시며 없는 것을 있는 것으로 부르시는 이시니라

하도다"[사 6:3] 성도들도 하나님의 종 모세의 노래, 어린 양의 노래를 부르면서 하나님을 찬양했습니다. "주 하나님 곧 전능하신 이시여 하시는 일이 크고 놀라우시도다 만국의 왕이시여 주의 길이 의롭고 참되시도다 누가 주의 이름을 두려워하지 아니하며 영화롭게 하지 아니하오리까"[계 15:3-4] 그렇습니다. 성경은 반복해서 모든 피조물이 주의 이름을 찬양하도록 부름 받았다고 말합니다. "그에게 수종들며 그의 뜻을 행하는 모든 천군이여 여호와를 송축하라 여호와의 지으심을 받고 그가 다스리시는 모든 곳에 있는 너희여 여호와를 송축하라 내 영혼아 여호와를 송축하라"[시 103:21-22]

피조물들의 이런 모든 고백과 찬양 가운데서, 자기 생각을 말로 표현할 수 있는 인간이라면 침묵하지 않으며, 침묵할 수도 없습니다. 심지어 인간의 침묵은 인정으로 간주됩니다. 마음으로 중립을 지키는 것이 불가능한 것처럼 입술도 마찬가지입니다. 누구든지 그리스도를 고백하지 않는 자는 그를 부인하는 자입니다. 침묵은 순식간에 의심과 불신앙, 적대감으로 발전합니다. "혀는 곧 불이요 불의의 세계라 혀는 우리 지체 중에서 온 몸을 더럽히고 삶의 수레바퀴를 불사르나니 그 사르는 것이 지옥 불에서 나느니라"[약 3:6] "혀는 능히 길들일 사람이 없나니 쉬지 아니하는 악이요 죽이는 독이 가득하니라"[약 3:8] 우리가 하나님 아버지를 입으로 찬송하지 않는다면 그 입술로 하나님

의 형상을 따라 지음을 받은 사람들은 저주를 받을 것입니다[약 3:9].[11]

그러므로 재창조 속에서 인간이 또다시 하나님의 아름다움을 말하고, 찬양하고, 선포하는 것은 하나님께서 세우신 목적입니다. 하나님은 마음과 말을, 생각과 혀를 함께 구속하십니다. 하나님은 인간의 영혼과 육체를 모두 자유롭게 하시고, 그의 혀를 풀어주시며 입술을 여십니다. 하나님께서는 그 입에 웃음을 채우시며, 그 입술에 즐거움을 채우십니다. 생각과 말은 함께 속해있으며 서로 분리되지 않습니다. 하나님의 말씀은 자유롭고 독립적인 장성한 생각입니다. 이를테면 사람의 마음의 생각들은 나뭇가지이고, 말은 그 나뭇가지의 꽃과 열매이며, 입과 입술에서 나와 싹이 나며 성숙해집니다. 이 입술의 열매는 하나님이 창조주이시며 조성자이심을 고백하는 찬송의 제사로 이루어져 있습니다.

그러므로 구약 시대의 성도들도 이렇게 기도합니다. "주여 내 입술을 열어 주소서 내 입이 주를 찬송하여 전파하리이다"[시 51:15] "주를 찬송함과 주께 영광 돌림이 종일토록 내 입에 가득

---

11 [약 3:9] 이것으로 우리가 주 아버지를 찬송하고 또 이것으로 하나님의 형상대로 지음을 받은 사람을 저주하나니

하리이다"[시 71:8] 하나님께서 자신의 영을 보내실 때, 모든 백성이 하나님의 선지자가 되리라는 모세의 기도가 응답됩니다[민 11:24-25].**12** 자녀들과 젊은이들과 노인들, 남종과 여종들이 예언을 하고, 모든 사람이 자신의 언어로 하나님의 놀라운 큰 일들을 선포할 것입니다[욜 2:28-29].**13** 그때 침묵하는 것은 불가능합니다. 마음을 가득 채운 입술은 흘러넘칩니다. "주여 내가 대회 중에서 주께 감사하며 많은 백성 중에서 주를 찬송하리이다"[시 35:18] "주 나의 하나님이여 내가 전심으로 주를 찬송하고 영원토록 주의 이름에 영광을 돌리오리니"[시 86:12] "내가 여호와께 그의 의를 따라 감사함이여 지존하신 여호와의 이름을 찬양하리로다"[시 7:17] "내가 전심으로 여호와께 감사하오며 주의 모든 기이한 일들을 전하리이라"[시 9:1] "내가 만민 중에서 주께 감사하오며 뭇 나라 중에서 주를 찬송하리이다"[시 57:9] "내가 여호와를 항상 송축함이여 내 입술로 항상 주를 찬양하리이다"[시 34:1] "주

---

12 [민 11:24-25] 모세가 나가서 여호와의 말씀을 백성에게 알리고 백성의 장로 칠십 인을 모아 장막에 둘러 세우매 여호와께서 구름 가운데 강림하사 모세에게 말씀하시고 그에게 임한 영을 칠십 장로에게도 임하게 하시니 영이 임하신 때에 그들이 예언을 하다가 다시는 하지 아니하였더라

13 [욜 2:28-29] 그 후에 내가 내 영을 만민에게 부어 주리니 너희 자녀들이 장래 일을 말할 것이며 너희 늙은이는 꿈을 꾸며 너희 젊은이는 이상을 볼 것이며 그 때에 내가 또 내 영을 남종과 여종에게 부어 줄 것이며

를 찬송함과 주께 영광 돌림이 종일토록 내 입에 가득하리이다"[시 71:8]

하나님은 원수들과 보복자들을 잠잠하게 하시려고 어린 아이들과 젖먹이들의 입에 권능을 세우심으로 스스로 영광을 받으십니다[시 8:2].[14] 만일 제자들이 침묵한다면, 돌들이 소리를 지를 것입니다[눅 19:40].[15] 하나님께서는 자신을 섬길 자들에게 전인(全人)을 요구하시며, 마음과 뜻과 입과 말과 모든 힘을 다해 자신을 사랑하기를 원하십니다[신 6:5].[16] 인간이 죄로 말미암아 이런 사랑을 망설일 때, 하나님은 그리스도 안에서 그를 통해 어두운 데서 불러내어 그의 기이한 빛에 들어가게 하신 하나님의 아름다운 덕을 선포하는 온 세상의 교회를 함께 모으십니다[벧전 2:9].[17] 자신의 백성을 이 일로 부르시고 그들에게 이 일을 요구하시는 분도 하나님 자신이시며, 그들이 그 일을 할 수 있도

---

14 [시 8:2] 주의 대적으로 말미암아 어린 아이들과 젖먹이들의 입으로 권능을 세우심이여 이는 원수들과 보복자들을 잠잠하게 하려 하심이니이다
15 [눅 19:40] 대답하여 이르시되 내가 너희에게 말하노니 만일 이 사람들이 침묵하면 돌들이 소리 지르리라 하시니라
16 [신 6:5] 너는 마음을 다하고 뜻을 다하고 힘을 다하여 네 하나님 여호와를 사랑하라
17 [벧전 2:9] 그러나 너희는 택하신 족속이요 왕 같은 제사장들이요 거룩한 나라요 그의 소유가 된 백성이니 이는 너희를 어두운 데서 불러 내어 그의 기이한 빛에 들어가게 하신 이의 아름다운 덕을 선포하게 하려 하심이라

록 능력과 의지를 주시는 분도 하나님 자신이십니다. 하나님은 자신의 영으로 그 백성들을 이끄십니다. 이 영으로 그들을 진리로 이끄시고, 예수를 주로 시인하게 만드시며, 그들의 자녀됨을 승언히시이 아빠 아버시라고 부르게 하십니다[갈 4:6].**18** 하나님의 백성들은 성자의 피 값으로 산 바 되었기에, 하나님의 소유인 자신의 몸과 영혼으로 하나님을 영화롭게 하도록 부름 받았습니다[고전 6:20].**19**

주의 이름을 고백하는 자의 이런 의무와 임무는 모든 신자에게 있습니다. 우리의 입술의 고백 안에 있는 고백이 진실한 고백인지, 거룩한 열심 있는 진지한 고백인지, 하나님의 사랑을 세상의 우정보다 더 소중하게 여기는지 드러납니다. 이 고백은 진리의 증거이고, 믿음의 확인이며, 우리 안에 있는 하나님의 역사의 면류관입니다. 입술의 고백을 통해 우리가 하나님께로 되돌아가며, 하나님의 은혜와 영을 통해 우리의 마음에 믿음과 사랑이 일어납니다. 이것은 어려운 의무도, 가혹한 명령도 아닙니다. 오히려 결코 성가시게 하지 않는 사랑의 섬김과 봉사이

---

18 [갈 4:6] 너희가 아들이므로 하나님이 그 아들의 영을 우리 마음 가운데 보내사 아빠 아버지라 부르게 하셨느니라

19 [고전 6:20] 값으로 산 것이 되었으니 그런즉 너희 몸으로 하나님께 영광을 돌리라

며, 복된 특권이고, 고귀한 영광입니다. 그 자녀에게 하나님을 고백하고 그의 영광을 선포하는 것을 허락해주는 것보다 더 영광스러운 일은 없기 때문입니다.

신앙고백은 신자 개인 뿐 아니라 교회 전체에게도 특권입니다. 교회는 믿기 때문에 고백합니다. 교회는 모든 시대 가운데서 고백합니다. 교회는 교회 안에 있는 소망에 관한 이유를 친구들과 적들에게 알려줍니다[벧전 3:15].[20] 교회의 증언은 많은 물소리와 같습니다[계 14:2].[21] 교회는 모임과 예배와 기도와 찬송과 자비의 사역과 사랑의 은사 가운데 그 믿음을 드러냅니다. 교회는 항상, 어디에서나 고백합니다. 교회는 고백하는 교회 외에는 다른 것이 될 수 없습니다.

교회의 신앙고백을 말할 때, 그것이 오로지 믿음에 대한 기록된 표현일 뿐이라고 배타적으로 생각하는 것은 지나치게 일방적인 생각입니다. 물론 기록된 표현이 온갖 오류들과 이단들로 인해 교회 안에서 점차 필수적이 된 것은 사실입니다. 교회가 기록된 신앙고백을 가지고 세상에 나타날 때, 교회는 자신의 신

---

20 [벧전 3:15] 너희 마음에 그리스도를 주로 삼아 거룩하게 하고 너희 속에 있는 소망에 관한 이유를 묻는 자에게는 대답할 것을 항상 준비하되 온유와 두려움으로 하고

21 [계 14:2] 내가 하늘에서 나는 소리를 들으니 많은 물 소리와도 같고 큰 우렛소리와도 같은데 내가 들은 소리는 거문고 타는 자들이 그 거문고를 타는 것 같더라

앙에 대한 영광스러운 고백을 만들게 되었습니다.

한편, 아무런 근거도 없이 그리스도의 교회는 자신의 신앙을 기록으로 표현하고, 그 기록된 신앙을 온전히 보존하기 위해 애쓸 권리를 여러 면에서 거부당해왔습니다. 교회는 기록된 신앙고백으로 하나님의 말씀을 침해하지 않고, 오히려 주어진 시간 동안 교회에 주어진 신앙과 지식의 정도에 따라 하나님의 말씀의 내용을 설명합니다. 교회는 성경의 권위를 공격하지 않고, 오히려 그것을 유지하려고 노력하며, 성경이 개개인의 자의적인 의지로 인해 폐기되지 않도록 보호합니다. 교회는 양심을 성경과 더불어 묶지 않으며, 오히려 인간의 계속되는 오류로부터 양심을 건져내며, 모든 생각을 사로잡아 그리스도에게 복종하게 합니다[고후 10:5].[22] 교회는 신앙고백이 발전하는 것을 가로막지 않고, 오히려 그것이 유지되기를 힘쓰며, 신앙고백을 바른 길로 세워주고 무너지지 않는 길로 이끌어줍니다. 교회의 신앙고백은 성경과 나란히 서 있거나 높지 않고, 오히려 성경보다 훨씬 아래에 있습니다.[23] 성경은 우리 신앙과 삶의 유일하고 완

---

[22] [고후 10:5] 하나님 아는 것을 대적하여 높아진 것을 다 무너뜨리고 모든 생각을 사로잡아 그리스도에게 복종하게 하니

[23] 역자 주: 혹자들 중 성경보다 신앙고백에 더 큰 권위를 두는 소위 신앙고백 우위설을 주장하는 자들이 있다. 하지만 바빙크가 정확히 지적한대로 신앙고백의 권위는 성경의 권

전하며 충분한 규칙입니다.

설사 교회가 자신의 신앙을 기록된 문서로 표현하지 못한다 하더라도, 교회가 교회로 남아있는 이상, 교회는 항상 신앙고백을 가지고 있습니다. 교회가 신앙을 기록된 형태로 고백할 때, 지금껏 알고 있었듯이 진리가 왜곡되지 않은 채 세대를 거쳐 전해지며, 모든 적에 맞서 진리는 쉽게 보존할 수 있다는 유익을 얻습니다. 교회의 신앙고백에는 중요한 교육적 가치와 의미가 포함되어 있습니다. 점점 더 성숙해져 가는 개인들은 이 신앙고백 안에서 자라가며, 후에 이 신앙고백을 스스로 자유롭게 받아들입니다. 어린이가 모든 면에서 점점 어른들이 하는 일을 배우고 닮아가듯이, 자녀는 그 조상들의 영적인 유산을 따라 계속해서 살아갑니다.

그 누구도 처음부터 시작할 수 없습니다. 모든 사람은 자기 앞에 서 있던 자들의 어깨 위에 서 있습니다. 우리 모두는 우리

위와 나란히 서 있지 않으며, 오히려 성경의 권위 아래에 있다. 성경론에 대해 다루는 웨스트민스터 신앙고백서 1장 10절은 이 지점을 정확히 지적하고 있다. "성경에 의해 종교의 모든 종교들이 결정되어야 하며, 회의들의 모든 선언들, 고대 저자들의 의견들, 사람들의 교리들, 그리고 개인의 정신들이 검토되어야 하며, 성경의 선고를 우리가 신뢰해야 하는 최고의 심판자는 오직 성경 안에서 말씀하시는 성령뿐이시다"(The supreme judge by which all controversies of religion are to be determined, and all decrees of councils, opinions of ancient writers, doctrines of men, and private spirits, are to be examined, and in whose sentence we are to rest, can be no other but the Holy Spirit speaking in the Scripture).

조상들이 우리에게 주신 보물들로 살아갑니다. 우리 모두에게는 조상들로부터 받은 것들을 우리의 것으로 만들고, 주어진 것들을 통달해야 하는 요구가 주어졌습니다. 이와 같이 자녀들도 교회의 신앙고백을 받아들여, 훗날 이 신앙고백이 그들의 개인적 신앙의 자유롭고 독립적인 표현이 될 수 있도록 해야 합니다.

그렇기 때문에 기록된 신앙고백이 아무리 숭고하더라도, 이 고백은 개인의 신앙과 절대 분리될 수 없을 뿐 아니라, 교회가 자기 스스로를 세상으로부터 구별하고 대항하는 증언들과 행동들과 분리되어서도 안 됩니다. 기록된 신앙고백은 영광스러운 유산이기 때문에 우리를 옭아매지 않습니다. 기록된 신앙고백은 오래되었다는 이유로 우리를 속박하는 권위를 가지지 않습니다. 오히려 기록된 신앙고백은 다른 행위들과 마찬가지로 교회의 신앙을 통해 시시각각 활기차게 움직여 대대로 이어집니다. 기록된 신앙고백은 현재도 여전히 우리의 신앙고백입니다. 우리의 선조들에 의해 기록되었거나 전수되었기 때문이 아닙니다. 오히려 이전 세대에서도 그랬던 것처럼, 신앙고백은 오늘날 그리스도 안에서 하나님을 통해 **우리에게** 주어진 가장 순수한 신앙고백이고, 하나님의 진리에 대한 가장 선명한 설명이며, 구원의 보물을 가장 아름답게 드러내기 때문입니다.

우리가 어렸을 때부터 교회의 신앙고백으로 훈련받을 때, 우리는 자신의 믿음으로 자신의 신앙을 고백하게 됩니다.

9장

신앙고백을 향한 반대

9장
신앙고백을 향한 반대

형제들아 내가 너희에게 알게 하노니
내가 전한 복음은 사람의 뜻을 따라 된 것이 아니니라

갈라디아서 1장 11절

신앙을 고백하는 것은 살과 피에 반대하는 것이며, 세상과 사탄에 대적하는 것입니다.

모든 사람은 본성적으로 예수님이 그리스도라는 선포에 반감을 가지고 있습니다. 피상적으로 생각하고 살펴보는 사람에게 복음이 모든 시대에 항상 반대를 받아왔다는 사실이 이상하게 보일 수도 있습니다. 하지만 복음은 모든 피조물을 위한 큰 기쁨의 좋은 소식이지 않습니까? 복음은 은혜와 평화와 구원에 대해 말합니다. 복음은 아무것도 요구하지 않고, 모든 것을 줍니다. 그럼에도 불구하고 복음은 어디에서나 저항과 반대에 부딪힙니다. 복음은 유대인들에게 거리끼는 것이고, 헬라인들에게 어리석은 것이기 때문입니다[고전 1:23].[1] 복음은 사람을 **위한 것**이지, 사람을 **따르는 것**이 아닙니다. 복음은 사람이 계획하거나 추론으로 도출한 것이 아닙니다. 복음은 신적 기원을 가지며, 그러므로 사람의 생각과 욕망, 정욕과 열정을 좇지 않습니다. 정신과 마음, 욕구와 의지, 영혼과 몸은 그리스도의 복음에 저항합니다. 인간은 이런 저항 가운데 온 세상과 어둠의 온 나라를 통해 외적으로 강해집니다.

환경의 차이도 분명히 있습니다. 평화와 안식을 누리는 시대에는 복음을 향한 반대가 세상이 교회를 억누르고 핍박할 때처럼 그리 강하지 않습니다. 진리를 함께 고백하는 친구들이 모인 공동체보다 죄인들과 냉소하는 자들이 모인 무신론 공동체 속에서 그리스도를 위해 일어서는데 더 많은 용기가 필요합니다. 마을의 외곽에 멀찍이 떨어져 사는 평범하고 소박한 사람들 사이에서보다 고귀하고 학식 있는 자들의 모임 속에서 그리스도의 십자가를 부끄러워하지 않기 위해 더 크고 강한 믿음이 필요

---

1 [고전 1:23] 우리는 십자가에 못 박힌 그리스도를 전하니 유대인에게는 거리끼는 것이요 이방인에게는 미련한 것이로되

합니다.

하지만 본질적으로 볼 때 복음을 향한 반대는 어디에서나 동일하게 존재합니다. 육신과 세상과 사탄은 항상 어디에서나 동일하게 존재하며, 그리스도의 복음에 저항하는 가장 크고 강력한 적들이 우리의 마음속에 있기 때문입니다. 적대감의 형태는 다르게 드러날 수 있지만 언제 어디서나 주의 이름을 고백하는 것은 자기를 부인하고 십자가를 지는 것과 함께 합니다[눅 14:27].[2] 경멸과 조롱을 받는 것은 어느 영역을 막론하고 세상과 결별하고 예수를 따르는 모든 사람에게 해당됩니다.

심지어 믿음이 마음속에서 역사하여 신앙고백을 이끌어낼 때조차도, 계속해서 입을 닫아 예수님의 이름에 대한 자유롭고 기쁜 인식을 방해하는 경우가 얼마나 많은지 모릅니다.

베드로를 보십시오. 그는 위기의 시간에 자신의 주님을 부인했습니다. 또한 그는 그 후에도 안디옥에서 할례 받은 형제들을 두려워하여 외식하는 죄를 저질렀습니다. 그럼에도 불구하고 베드로는 예수의 메시아 되심을 영광스럽고도 자유롭게 고백했던 사도 중에서도 가장 뛰어난 제자였습니다. 그는 반석이라

---

[2] [눅 14:27] 누구든지 자기 십자가를 지고 나를 따르지 않는 자도 능히 내 제자가 되지 못하리라

는 이름을 받았고, 그리스도와 더불어 죽기까지 자신의 구주를 향한 강한 사랑을 소유했던 자였으며, 주를 부인할 수 있는 가능성을 멀리 던져버린 제자였습니다. 만약 이런 베드로가 넘어졌다면, 그 누가 제대로 서 있을 수 있겠습니까? 선줄로 생각하는 자는 넘어질까 조심하라[고전 10:20]³는 경고가 필요 없는 사람이 과연 어디 있겠습니까?

교회의 역사는 굳건하게 자기 신앙을 지킨 순교자들의 아름다운 이야기를 담고 있으면서, 한편으로는 환난의 때에 믿음을 저버리고 그릇된 방법으로 신앙고백을 비틀어버린 수많은 이들의 슬픈 이야기도 포함하고 있습니다. 말씀으로 인해 박해와 고난이 임할 때, 처음에는 기쁨으로 말씀을 듣고 받았더라도, 뿌리가 없는 자들은 잠시 동안 견디다가 곧 넘어졌습니다[마 13:21].⁴

신자들은 많은 위험에 노출되어 있습니다. 수많은 절벽 때문에 신자는 오지도 가지도 못하는 위험에 직면해 있습니다. 안목의 정욕, 육신의 정욕, 이생의 자랑이 바로 그런 것들입니다[요일

---

3 [고전 10:12] 그런즉 선 줄로 생각하는 자는 넘어질까 조심하라
4 [마 13:21] 그 속에 뿌리가 없어 잠시 견디다가 말씀으로 말미암아 환난이나 박해가 일어날 때에는 곧 넘어지는 자요

2:16].[5] 명성과 명예, 재산과 목숨을 잃는 두려움이 번갈아가며 예수님의 제자들을 견고한 믿음으로부터 끌어내리려고 합니다. 이 모든 시험과 유혹 가운데 있는 소위 그릇된 수치심은 가장 큰 힘을 발휘할 것입니다. 박해의 시기가 지나간 후에도, 그릇된 수치심은 계속 남아 수많은 사람을 무너뜨리기 때문입니다. 하류 사회나 상류 사회나, 부자들에게나 가난한 자들에게나, 평민들에게나 귀족들에게나 이런 그릇된 수치심은 주님의 이름을 고백하는데 큰 장애물이 됩니다.

우리의 마음 깊은 곳에서부터 예수님을 부끄럽게 여기는 것은 참으로 면목 없는 사실입니다. 예수님은 온 나라를 다니시면서 선행과 복을 베푸셨고, 온화하고 다정한 마음을 가진 사람이셨기 때문입니다. 그리고 십자가에서 실제로 돌아가셨습니다. 예수님은 전적으로 완전한 무죄였음에도 불구하고 그의 적들은 재판관이 되어 그에게 이와 같은 수치스러운 죽음을 당하도록 정죄했습니다. 우리가 이 예수님을 부끄럽게 여긴다면, 그의 이름을 우리 입술의 고백으로 담지 않는다면, 우리에게 분명히 뭔가 문제가 있는 것이고, 도덕적으로 병들게 되고 말 것입니

---

5 [요일 2:16] 이는 세상에 있는 모든 것이 육신의 정욕과 안목의 정욕과 이생의 자랑이니 다 아버지께로부터 온 것이 아니요 세상으로부터 온 것이라

다.

 수치심은 일반적으로 다른 사람들의 평가 속에서 자신의 특정 행위나 상태가 낮다고 느끼는 불쾌한 감정입니다. 때로는 이런 감성이 유익합니다. 예를 들어, 아담이 하나님의 명령을 어긴 후 스스로를 부끄럽게 여길 때, 아담은 자신의 행위가 악한 행위였다는 사실과 자신이 타락했다는 사실을 깨달았습니다. 수치심이 항상 절대적으로 믿음의 열매는 아니지만, 일반적인 인간에게서도 찾을 수 있어서, 죄 가운데 있는 인간이 동물이나 마귀가 되는 것이 아니라 여전히 인간으로 남아있으며, 자신의 명예와 가치에 대한 감정을 유지하고 있다는 사실을 증명합니다.

 이런 참되고 좋은 수치심 옆에는 잘못되고 거짓된 수치심도 존재합니다. 그 자체로는 선한 것이지만 다른 사람들의 평가 속에서 우리가 낮아지는 것에 대해 두려워하거나 창피스러운 감정이 우리 안에서 발견됩니다. 우리는 때때로 복음이 우리에게 선포될 때 오는 선한 감정과 우리 양심의 고소, 악한 행동을 한 후 우리가 직면하는 슬픔, 특정 상황 속에서 우리에게 영향을 미치는 부드러운 감정 등을 부끄러워합니다. 우리는 다른 사람들이 이것을 알게 되어 우리를 조롱하고 조소하며, 우리를 약하고 단순하고 유치하게 여기는 것과, 이를 통해 강하고 용감하며 용기 있는 사람이라는 이름을 잃게 될 것을 두려워합니다.

이런 그릇된 수치심은 십자가의 복음과 함께 있는 우리에게
도 영향을 끼칩니다. 우리는 지혜롭고 힘 있고 고귀한 사람들로
이루어지지 않은 교회를 부끄러워합니다. 우리는 너무나도 신
기하고 놀라운 이야기들로 가득 찬, 문명인들과 과학에 의해 거
부되고 반박당하는 성경을 부끄러워합니다. 우리는 하나님의
독생자이시며 성부에게 기름 부음을 받으신 그리스도를 부끄
러워합니다. 우리는 유대인들에게는 거치는 것이 되고 헬라인
들에게는 미련한 그리스도의 십자가를 부끄러워합니다. 우리는
우리의 영적인 빈곤을 드러내 보여주는 하나님의 특별계시 전
체를 부끄러워합니다.

또한 우리는 우리가 그리스도의 편을 선택해 우리의 명예를
완전히 잃게 되고 다른 사람들의 조롱과 조소와 학대와 박해
의 대상이 될 것을 두려워합니다. 우리는 그리스도를 고백함을
통해 우리의 품위와 인격, 인간성이 상처를 입고 잃어버려 고
통 받을 것에 대해 두려워합니다. 심지어 그릇된 수치심조차도
우리가 하나님의 형상으로 지음 받았다는 것과 여전히 보존해
야 할 우리의 신분과 명예가 있다는 것에 대한 의식을 희미하게
나마 근본적으로 가지고 있습니다. 요컨대 사람은 누구나 자기
자신과 다른 사람을 인정하고 존중하는 일에 관심을 갖습니다.
그 이유는 사람은 완전히 부패했을지라도 여전히 사람으로 남
아있으며, 하나님의 형상과 모양을 계속 지니고 있기 때문입니

다.[6]

하지만 죄의 영향력 아래 있는 이런 의식은 이제 반대 방향으로 작용합니다. 우리의 구원을 위해 우리 자신을 온전히 그리스도께 바칠 때, 우리 자신과 다른 사람들의 평가 속에서 우리 자신이 낮아지고 우리의 명성과 명예가 사라지는 것이 어찌 보면 사실이기 때문입니다. 하지만 이런 평가는 공상일 뿐이며, 명예는 상상 위에 세워진 것뿐입니다. 우리는 본성적으로 우리 자신을 부유하고 풍성한 자로 여기며, 아무것도 필요 없는 자로 여깁니다. 그러나 우리가 복음을 품을 때에야 우리는 우리가 얼마나 가난하고, 눈이 멀었으며, 벌거벗었고, 모든 것이 필요한 자인지를 깨닫게 됩니다[계 3:17].[7]

그러므로 인간과 함께 하는 명예는 대부분 무지와 겉모습의 열매입니다. 칭찬으로 마음을 끄는 기술은 우리의 실제적이

---

[6] 역자 주: 일반적으로 하나님의 형상(the imago Dei)은 광의와(넓은 의미와) 협의의(좁은 의미의) 형상으로 나눈다. 협의로서의 하나님의 형상은 죄로 인해 잃어버렸지만, 광의로서의 하나님의 형상은 타락 이후에도 왜곡된 형태로 여전히 우리 안에 존재한다. 광의로서의 하나님의 형상은 영성, 지혜, 지식, 언어 능력, 미적 감각, 의식, 생각, 사고, 이성, 감정, 의지 등이다. 이 부분에서 바빙크의 "사람은 완전히 부패했을지라도 여전히 사람으로 남아있으며, 하나님의 형상과 모양을 계속해서 지니고 있기 때문입니다"라는 표현은 협의의 형상이라기보다는 광의의 형상으로 이해할 필요가 있다.

[7] [계 3:17] 네가 말하기를 나는 부자라 부요하여 부족한 것이 없다 하나 네 곤고한 것과 가련한 것과 가난한 것과 눈 먼 것과 벌거벗은 것을 알지 못하는도다

고 참된 본성을 감추고, 학습을 통해 겉으로 보이는 모습에 따라 우리의 의견을 형성하는 것으로 이루어집니다. 하나님은 참되고 정직하시지만, 모든 인간은 거짓말쟁이입니다. 인간이 항상 거짓을 말하는 것은 아니지만, 인간은 본래 거짓을 말하는 자입니다. 인간은 그 존재 자체가 거짓되며 부정직합니다. 실재와 겉모습, 본질과 드러남, 속 사람과 겉 사람은 서로 모순됩니다. 때로는 입술에 사랑이 넘치고, 얼굴에 다정다감함이 드러나지만, 사람의 마음으로부터 악한 생각, 살인, 간음, 우상숭배, 절도, 거짓증거, 신성모독 등이 나옵니다[마 15:19].[8] 사람의 내적 존재와 마음속 가장 깊은 곳을 아는 성도라면 스스로에게서 두려움 가운데 달아날 것입니다. 그러므로 그 무엇과도 도저히 비교할 수 없이 위대한 것은 사람 안에 무엇이 있는지 알고 계시면서도, 이런 사람에게 오셔서, 이런 사람을 찾으시고, 이런 사람을 위해 자신의 목숨을 내어주신 그리스도의 사랑입니다.

우리는 정말로 우리 자신과 다른 이들을 위해 상상 가운데 살아갑니다. 우리가 바른 빛 가운데서 이런 공상과 상상을 바라본다면, 우리가 그리스도를 믿을 때 그 어떤 것도 본질적으로 잃

---

[8] [마 15:19] 마음에서 나오는 것은 악한 생각과 살인과 간음과 음란과 도둑질과 거짓 증언과 비방이니

어버리는 것이 없게 될 것입니다. 우리가 본질적으로 가진 것이 없기 때문입니다. 우리가 잃어버리는 것은 우리가 부하고, 풍성하며, 아무것도 필요하지 않다는 공상과 상상입니다. 죄가 가진 가장 두려운 비참함은 우리가 눈이 멀었다는 것이 아니라, 눈이 멀었음에도 불구하고 여전히 우리가 보고 있다고 상상하는 것입니다. 죄는 죄책이고, 부패이며, 수치인데, 그 위에 어리석음과 무지도 있습니다.

이런 우리의 상상은 주의 말씀에 의해 혼란스럽게 됩니다. 우리가 그리스도를 통해 구원받길 원한다면 우리는 반드시 이런 상상을 거부해야 합니다. 그 이유는 그리스도인이 된다는 뜻은 우리와 다른 사람의 의견이 아무런 가치와 의미가 없다는 사실과, 우리에게 임한 하나님의 심판을 받아들이고, 하나님의 은혜와 자비에 유일한 소망을 두는 것을 의미하기 때문입니다. 그리스도를 고백한다는 것은 우리 자신과 모든 것, 즉 우리의 명성과 명예, 우리의 소유와 피, 우리의 영혼과 생명을 버리는 것을 포함합니다. 이는 그릇된 수치심이 분투하며 투쟁하는 것과 정확히 반대되는 것입니다. 자기를 보호하려는 욕구는 외관상 자신의 모든 권세와 능력과 더불어 사람을 이끄는 것처럼 보이지만, 이는 복음과 반대되는 것입니다.

육신의 생각은 하나님을 대적합니다. 그것이 하나님의 법에 굴복하지 않기 때문이며, 실제로 그럴 수도 없기 때문입니다(롬

8:7].⁹ 육신을 따르는 인간은 하나님의 영의 일들을 이해할 수 없습니다. 육신을 따르는 인간은 우리 자신을 버리는 것이야말로 스스로를 보호할 수 있는 참되고 유일한 길이라는 사실도 이해하지 못합니다.

---

9   [롬 8:7] 육신의 생각은 하나님과 원수가 되나니 이는 하나님의 법에 굴복하지 아니할 뿐 아니라 할 수도 없음이라

10장

신앙고백을 위한 능력

10장
신앙고백을 위한 능력

그러므로 내가 너희에게 알리노니

하나님의 영으로 말하는 자는 누구든지 예수를 저주할 자라

하지 아니하고 또 성령으로 아니하고는

누구든지 예수를 주시라 할 수 없느니라

고린도전서 12장 3절

사람이 할 수 없는 일이라도 하나님은 하실 수 있습니다[눅 18:27].¹ 우리의 모든 능력은 하나님으로부터 옵니다. 모든 참된 신앙고백은 하나님의 선물이고 성령의 사역의 열매인 마음의

---

1 [눅 18:27] 이르시되 무릇 사람이 할 수 없는 것을 하나님은 하실 수 있느니라

믿음으로부터 나옵니다.

그리스도께서 모든 것을 다 성취하셨다 할지라도, 만약 승천 이후에 모든 진리로 우리를 이끄시는 성령 하나님을 보내주지 않으셨더라면 그리스도의 사역은 열매를 맺지 못했을 것입니다. 온 세상은 그리스도를 대적하며, 빛보다는 어두움을 더 사랑하기 때문입니다[요 3:19].[2] 그러나 성령님은 이런 세상 한 가운데에 그리스도의 증인으로 오셨습니다. 성령 하나님은 그리스도의 유일하고도 전능하신 증인이십니다. 모두 다 그리스도를 조롱하지만, 성령님은 그리스도를 영화롭게 하십니다. 모두 다 그리스도를 정죄하지만, 성령님은 그리스도를 옹호하십니다. 모두 다 그리스도를 거부하지만, 성령님은 그리스도를 위해 서 계시며 사람들의 양심 속에서 그리스도를 변호하십니다. 모두 다 그리스도를 저주하지만, 성령님은 그리스도를 주로 시인하시며 그 가운데서 성부 하나님께 영광을 돌리십니다[빌 2:11].[3]

성령께서는 선지자들과 사도들을 통해 기록된 말씀 가운데서

2　[요 3:19] 그 정죄는 이것이니 곧 빛이 세상에 왔으되 사람들이 자기 행위가 악하므로 빛보다 어둠을 더 사랑한 것이니라

3　[빌 2:11] 모든 입으로 예수 그리스도를 주라 시인하여 하나님 아버지께 영광을 돌리게 하셨느니라

그리스도를 증언하십니다.[4] 성령께서는 이 세상에서 죄와 의와 심판에 대해 확신케 하시며 그리스도를 증언하십니다. 성령께서는 그리스도를 교회의 주요 교회의 하나님으로 인정하는 교회 공동체 가운데서 그리스도를 증언하십니다. 성령께서는 하나님을 향해 "아빠 아버지"라고 부르는 하나님의 자녀인 모든 신자의 마음속에서 그리스도를 증언하십니다. 어떤 사람도 성령의 증언을 거스를 수 없습니다. 성령께서 자신의 전능한 권세로 하나님의 말씀을 선포하실 때, 굳어졌던 마음이 깨지고, 가장 완고했던 무릎이 구부러지며, 가장 큰 소리를 외쳤던 입이 닫힙니다. 성령의 증언 앞에 우리의 생각과 사상들은 더 이상 아무 것도 아닌 것이 되어, 거품처럼 사라져 버립니다. 하나님의 영으로 말하는 모든 사람은 예수를 저주할 수 없고, 하나님의 영을 받은 모든 사람은 그리스도를 자신의 주님과 구주로 고백하게 됩니다[고전 12:3].[5]

---

[4] 역자 주: 안타깝게도 교회 역사 속에서 삼위일체 하나님의 제3위격이신 성령 하나님에 대한 잘못된 이해와 적용이 늘 있어왔다. 특히 성령 하나님을 주관주의, 감정주의, 신비주의, 행동주의의 영역 속에서만 잘못 이해한 결과 온갖 형태의 성령론적 사이비와 이단들이 출몰하게 되었다. 하지만 바빙크가 지적하다시피, 성령 하나님은 인간의 주관적인 능력을 통해 움직여지는 분이 아니다. 오히려 성령 하나님은 객관적인 말씀에 의해, 객관적인 말씀을 통해, 객관적인 말씀과 함께 역사하시는 분이다.

[5] [고전 12:3] 그러므로 내가 너희에게 알리노니 하나님의 영으로 말하는 자는 누구든지

그러나 우리 마음에 심어진 믿음이 불신앙에 대한 다양한 유혹에 직면할 때, 이 믿음을 말과 행실로 드러나게 하시는 성령의 역사는 계속 필요합니다. 하나님은 우리 안에서 소원을 **품으시고**, 자신의 기쁘신 뜻을 **행하게도 하시는** 분이기 때문입니다[빌 2:13].[6] 우리는 하나님으로부터 믿음의 능력과, 고백할 수 있는 담대함을 모두 받습니다.

그래서 다윗은 주의 성령을 자신에게서 거두지 말아달라고, 자유롭고 담대한 영을 주사 자신을 강하게 만들어 달라고 기도한 것입니다[시 51:11-12].[7] 베드로와 요한이 공회에서 풀려난 후 자신들에게 일어난 일을 형제들에게 나누었을 때, 그들 모두 소리 높여 하나님께 외쳤습니다. "주여 이제도 그들의 위협함을 굽어보시옵고 또 종들로 하여금 담대히 하나님의 말씀을 전하게 하여 주옵소서"[행 4:29] 그들이 기도할 때 함께 모인 곳이 진동했고, 모두 다 성령이 충만하여 담대히 하나님의 말씀을 전했습니

예수를 저주할 자라 하지 아니하고 또 성령으로 아니하고는 누구든지 예수를 주시라 할 수 없느니라

[6] [빌 2:13] 너희 안에서 행하시는 이는 하나님이시니 자기의 기쁘신 뜻을 위하여 너희에게 소원을 두고 행하게 하시나니

[7] [시 51:11-12] 나를 주 앞에서 쫓아내지 마시며 주의 성령을 내게서 거두지 마소서 주의 구원의 즐거움을 내게 회복시켜 주시고 자원하는 심령을 주사 나를 붙드소서

다[행 4:31].[8] 바울도 말씀을 받아 담대히 자신의 입을 열어 복음의 비밀을 전하게 해달라고 교회에 기도를 부탁했습니다[엡 6:19].[9]

담대히 말씀을 전할 수 있는 용감함은 말씀을 맡은 사역자들에게 뿐만 아니라, 모든 신자에게도 꼭 필요합니다. 이 담대함은 그리스도 안에 있는 하나님의 진리를 부끄러워하지 않고 증언하는 것, 믿음을 굳게 하고 모든 사람 앞에서 공개적으로 자유롭게 진리를 전하는 것입니다. 이 담대함의 근거는 죄를 용서받았다는 복된 확신과, 은혜의 보좌로 나아가 기도로 하나님께 모든 것을 간구할 수 있다는 자유에서 비롯됩니다. 또한 이 담대함은 성경과 교회 역사에서 언급되는 용감하고 흔들리지 않는 신앙고백자들의 수많은 예를 통해 우리 안에서 더 단단해집니다.

무엇보다 그리스도께서 바로 그 첫 번째 본이 되십니다. 그리스도는 스스로가 말씀이요, 진리이시고, 하나님의 완전한 계시 그 자체였습니다. 그리스도께서는 죄와 사기와 거짓으로 가득 차있는 이 세상에 오셔서 그 가운데 거하셨습니다. 보잘 것

---

8 [행 4:31] 빌기를 다하매 모인 곳이 진동하더니 무리가 다 성령이 충만하여 담대히 하나님의 말씀을 전하니라

9 [엡 6:19] 또 나를 위하여 구할 것은 내게 말씀을 주사 나로 입을 열어 복음의 비밀을 담대히 알리게 하옵소서 할 것이니

없는 그의 외모는 세상의 증오와 적대감을 불러일으켰고[사 53:2-3],**10** 세상은 예수님을 받아들이지 못했습니다. 그리스도의 존재가 곧 세상에겐 심판이었습니다. 그래서 세상은 최선을 다해 이 의로운 분의 존재를 세상에서 없애고자 했습니다. 그러나 예수님은 성부께 신실했으며, 십자가에서 죽음에 이르기까지 순종했습니다. 그리스도는 모든 시험을 이겨내셨습니다. 그리스도는 유대 산헤드린 공의회 앞에서 모든 증오를 받아내셨고, 자신이 하나님의 아들이라는 것을 증명하셨으며, 본디오 빌라도 앞에서 탁월하게 고백하셨습니다[딤전 6:13].**11** 그렇게 예수님은 참되고 신실한 증인으로, 우리의 믿는 도리의 사도이자 대제사장으로, 우리에게 그 발자취를 따라가야 할 본을 남기신 분으로 스스로를 드러내셨습니다.

더 나아가 예수 그리스도 안에 있는 신자들과 교제하는 수많은 천사들이 있습니다. 이 천사들은 싸움 속에서 인내하도록 우

---

10 [사 53:2-3] 그는 주 앞에서 자라나기를 연한 순 같고 마른 땅에서 나온 뿌리 같아서 고운 모양도 없고 풍채도 없은즉 우리가 보기에 흠모할 만한 아름다운 것이 없도다 그는 멸시를 받아 사람들에게 버림 받았으며 간고를 많이 겪었으며 질고를 아는 자라 마치 사람들이 그에게서 얼굴을 가리는 것 같이 멸시를 당하였고 우리도 그를 귀히 여기지 아니하였도다

11 [딤전 6:13] 만물을 살게 하신 하나님 앞과 본디오 빌라도를 향하여 선한 증언을 하신 그리스도 예수 앞에서 내가 너를 명하노니

리를 격려합니다. 그 이유는 그들이 그리스도가 걸어가시는 모든 길들을 따라 함께 했으며, 인자께서 이 땅에 계실 때 그 위에서 항상 오르락내리락하며 그를 섬겼기 때문입니다[요 1:51].[12] 천사들은 세상을 통과하는 교회의 방식에 따라 교회를 따르며, 구원을 상속받을 자들을 섬기기 위해 보냄 받았습니다[히 1:14].[13] 천사들은 구원의 신비를 살펴보길 원하며[벧전 1:12],[14] 회개하는 모든 죄인을 기뻐합니다. 천사들은 자신들의 완벽한 순종으로 우리에게 완전한 기도의 모범을 보여주었고, 우리를 통해 다채로운 하나님의 지혜를 알게 되는 존재입니다.

또한 우리에게는 우리와 함께 있는 구름 같이 둘러싼 허다한 증인들, 우리의 싸움을 직접 보지는 못했으나 믿음의 증인들로서 우리를 격려하고 자신들을 닮아가도록 권면하는 승리한 모든 교회의 구성원들이 있습니다[히 12:1].[15] 이들은 적어도 조롱과

---

[12] [요 1:51] 또 이르시되 진실로 진실로 너희에게 이르노니 하늘이 열리고 하나님의 사자들이 인자 위에 오르락 내리락 하는 것을 보리라 하시니라

[13] [히 1:14] 모든 천사들은 섬기는 영으로서 구원 받을 상속자들을 위하여 섬기라고 보내심이 아니냐

[14] [벧전 1:12] 이 섬긴 바가 자기를 위한 것이 아니요 너희를 위한 것임이 계시로 알게 되었으니 이것은 하늘로부터 보내신 성령을 힘입어 복음을 전하는 자들로 이제 너희에게 알린 것이요 천사들도 살펴 보기를 원하는 것이니라

[15] [히 12:1] 이러므로 우리에게 구름 같이 둘러싼 허다한 증인들이 있으니 모든 무거운 것과 얽매이기 쉬운 죄를 벗어 버리고 인내로써 우리 앞에 당한 경주를 하며

채찍질, 옥에 갇히고 결박당하는 시련을 받았습니다. 그러나 그들은 선한 신앙고백을 부끄러워하지 않았으며, 끝까지 신실함을 지켰습니다. 시간이 지날수록 증인들의 수는 늘어났습니다. 숫자를 셀 수 없을 정도의 많은 무리가 이제 완전한 의의 영들이 되어 하늘로 올라가 그리스도를 신실하게 고백하는 가운데 우리의 대표와 모범이 되고 있습니다.

그리고 마지막으로 흔들리지 않는 소망의 고백을 굳게 붙잡으며 우리를 강하게 하는 이 땅에서 전투하는 교회도 있습니다.[16] 전투하는 교회는 진실로 다른 모든 사람들이 떨어져 나가더라도 모든 그리스도인은 굳건하고 흔들림 없이 서 있게 될 것이라고 말해왔습니다. 이것이 진실임에도 불구하고 사람은 일반적으로 이런 고립을 제쳐두지 않으며, 견딜 능력도 없습니다. 하지만 분명한 것은, 비록 걸어가는 가운데 모든 사람에게 버림받는다 하더라도, 하나님은 우리의 길을 기쁨으로 걸어 갈 수 있는 강한 믿음을 주실 수 있는 분이라는 사실입니다. 일반적으로 하나님은 성도의 교제를 통해 우리를 지키십니다. 한 몸 안

---

16 역자 주: 교회는 크게 두 가지로 개념적 구별이 가능하다. 한 편으로는 가시적 교회, 유형 교회, 보이는 교회, 이미 임했지만 아직 완성되지 않은 교회, 이 땅의 교회, 불완전한 교회, 전투적 교회가 있고, 또 다른 한 편으로는 불(비)가시적 교회, 무형 교회, 보이지 않는 교회, 앞으로 완성될 교회, 하늘의 교회, 완전한 교회, 승리적 교회가 있다.

에 많은 지체가 있고 이 지체들이 서로 같은 일을 하지 않는 것처럼, 우리도 그리스도 안에서 한 몸이지만 서로 다른 지체이기 때문입니다[롬 12:4-5].[17] 이처럼 모든 신자는 주 예수 그리스도와 더불어 그의 모든 보화와 은사에 참여합니다. 우리 각자는 자신의 은사를 다른 성도의 유익과 구원을 위해 기꺼이 감사함으로 사용해야 한다는 것을 알아야 합니다.[18]

그러므로 그리스도를 고백하는 자들은 결코 홀로 있지 않습니다. 그들은 때때로 특정한 장소와 시간에서 자신이 버림받고 홀로 서 있다고 느낄 수 있습니다. 그러나 그 때 바알에게 무릎 꿇지 않은 수많은 사람들이 그들과 함께 있음을 매우 자주 발견할 것입니다. 영혼의 고뇌에서 벗어나 온 세상과 모든 세대를 바라볼 때, 그들은 자신들이 태초부터 이 세상의 마지막 날까지 하나님의 아들의 보호하심과 보존하심을 통해 모든 인류 가운

---

17 [롬 12:4-5] 우리가 한 몸에 많은 지체를 가졌으나 모든 지체가 같은 기능을 가진 것이 아니니 이와 같이 우리 많은 사람이 그리스도 안에서 한 몸이 되어 서로 지체가 되었느니라

18 역자 주: 하이델베르크 교리문답 55문답
문. "성도의 교제"를 당신은 어떻게 이해합니까?
답. 첫째, 신자는 모두 또한 각각 그리스도의 지체로서 주 그리스도와 교제하며 그의 모든 부요와 은사에 참여합니다. 둘째, 각 신자는 자기의 은사를 다른 지체의 유익과 복을 위하여 기꺼이 그리고 즐거이 사용할 의무가 있습니다.

데 한 믿음으로 모인 성도의 교제 안에 속한 구성원임을 깨닫게 됩니다.[19] 그리스도의 교회는 인류의 핵심이자 세상의 빛과 소금입니다. 교회의 살아 있는 회원들은 누구든지 자신의 형제와 자매들 가운데 우리 세대의 가장 훌륭하고 위대하고 고귀한 선지자와 사도이며, 교부들과 순교자들과 개혁자들입니다. 또한 그들의 머리이신 그리스도는 충성된 증인으로 죽은 자들 가운데서 먼저 나시고 이 땅의 왕들의 통치자가 되시는 분입니다[계 1:5].[20]

특별히 우리 조국(네덜란드)에서는 우리가 낙담하여 우리 자신을 모호하게 놔둘 어떤 이유도 없습니다. 그 이유는 그리스도인들은 어디에서도 절대 분파가 아니기 때문입니다. 비록 그리스도인들이 어디서나 반대를 당하고 모순 가운데 있지만, 적어도 종교개혁의 전통으로부터 탄생된 네덜란드라는 국가의 기

---

19 역자 주: 하이델베르크 교리문답 54문답
문. "거룩한 보편적 교회"에 관하여 당신은 무엇을 믿습니까?
답. 나는 하나님의 아들이 세상의 처음부터 마지막 날까지 모든 인류 가운데서 영생을 위하여 선택하신 교회를 참된 믿음으로 하나가 되도록 그의 말씀과 성령으로 자신을 위하여 불러 모으고 보호하고 보존하심을 믿습니다. 나도 지금 이 교회의 살아 있는 지체이며 영원히 그러할 것을 믿습니다.

20 [계 1:5] 또 충성된 증인으로 죽은 자들 가운데에서 먼저 나시고 땅의 임금들의 머리가 되신 예수 그리스도로 말미암아 은혜와 평강이 너희에게 있기를 원하노라 우리를 사랑하사 그의 피로 우리 죄에서 우리를 해방하시고

독교인들은 이런 반대와 모순을 가장 적게 당합니다. 네덜란드 그리스도인들은 참으로 민족적인 특징을 갖고 있습니다. 네덜란드에서 개혁신앙을 고백하는 자들은 이방인이나 낯선 사람으로 취급받지 않습니다. 오히려 진리와 자유를 찾기 위해 자신들의 재산과 생명을 걸고 오류와 양심의 억압에 맞서 싸워 승리를 쟁취한 선조들의 동료 시민들, 가족들, 자녀들로 여겨집니다.

이 모든 것을 기억할 때, 우리가 신실하게 신앙을 고백하는 일과 거룩한 길을 걸어가는 일의 어떤 모범을 보여야 할지 드러나지 않습니까! 믿음의 능력은 시류를 거슬러 노를 젓고, 모든 사람이 우리에게 복음을 위한 것이라고 속이면서 하는 악한 말들을 견디기 위해 분명히 필요합니다. 대중으로부터 나오는 신비한 영향력은 각 개인에게 미칩니다. 모든 영역에 서려있는 거대한 위험들은 우리를 대중에게 복종하게 하고 주류에 편승해 적응하게 합니다.

하지만 여기에 반대하여 신자들은 다음의 사실을 통해 자신들을 위한 격려를 받을 수 있습니다. 그들이 시온 산과 살아계신 하나님의 도성인 하늘의 예루살렘과 천만 천사와 하늘에 기록된 장자들의 모임과 교회와 만민의 심판자이신 하나님과 및 온전하게 된 의인의 영들과 새 언약의 중보자와 함께 있다는 사

실입니다[히 12:22-24].²¹

그러므로 우리가 두려워할 것은 아무것도 없습니다. 우리와 함께하는 사람들이 저들과 함께하는 자들보다 더 많기 때문입니다[왕하 6:16].²²

---

21   [히 12:22-24] 그러나 너희가 이른 곳은 시온 산과 살아 계신 하나님의 도성인 하늘의 예루살렘과 천만 천사와 하늘에 기록된 장자들의 모임과 교회와 만민의 심판자이신 하나님과 및 온전하게 된 의인의 영들과 새 언약의 중보자이신 예수와 및 아벨의 피보다 더 나은 것을 말하는 뿌린 피니라

22   [왕하 6:16] 대답하되 두려워하지 말라 우리와 함께 한 자가 그들과 함께 한 자보다 많으니라 하고

11장

신앙고백의 상급

11장
신앙고백의 상급

> 누구든지 사람 앞에서 나를 시인하면 나도 하늘에 계신
> 내 아버지 앞에서 그를 시인할 것이요
>
> 마태복음 10장 32절

주의 이름에 대한 신실한 신앙고백으로 하늘에서 위대한 상급을 받습니다.

성경은 계속해서 그리스도께서 재림하실 때 신자들이 받을 상급에 대해 말합니다. 상급은 보상으로 주어지는데, 예수님의 제자들이 이 땅에서 그리스도를 위해 자기 자신을 부인하고, 고난을 당하며, 인자와 사랑의 선행을 베풀었기 때문입니다. 성경은 신자들에게 이런 약속의 보상을 바라보며 자신이 신앙고백한 것들을 신실하게 지켜내라고 힘있게 격려합니다. 성경은 이

것으로 인해 복을 받기 위해 선을 행해야 한다거나, 선을 행하는 것으로 구원을 받기 위한 명분이나 이치를 삼는 그릇된 원리들이 생길 것에 대해 두려워하지 않습니다. 오히려 성경은 거룩한 구원을 위해 하나님과 재물을 섬기는 원리를 훈련하는 것에 대한 이유를 우리에게 제시해줍니다.

성경이 계속해서 상급에 대해 말하고 있지만, 동시에 상급을 받기 위한 봉사에 대해서는 매우 강하게 반대합니다. 충직한 군인들을 기다리는 보상은 의무가 아니고, 그들이 자연스레 갖게 되는 권리도 아니며, 임무를 완수한 후 노동의 댓가로 당연히 주어지는 보수도 아닙니다. 그런 보상은 성경이 말하고 있는 상급이 아니며, 성경은 또한 인간을 그의 창조주인 하나님의 피조물로 여기는 관계에 따라[1] 이런 사상을 뿌리부터 제거합니다. 명령한 대로 모든 것을 행한 종이라 할지라도, 그 종은 무익한 종일 뿐입니다[눅 17:10].[2] 인간은 그 자체로 아무것도 아니고,

---

1 역자 주: 개혁신학이 추구하는 핵심 사상을 가리켜 '하나님 절대주권 사상'이라고 부른다. 하나님의 주권을 절대적으로 인정함에 있어 가장 기초가 되는 신학적 토대는 바빙크가 말하고 있는 것처럼, 하나님께서 창조주이시며 인간은 창조주 하나님으로부터 창조된 피조물이라는 사실이다. 창조주-피조물의 관계가 올바로 성립될 때에만 바르고 참된 신학이 가능하게 된다.

2 [눅 17:10] 이와 같이 너희도 명령 받은 것을 다 행한 후에 이르기를 우리는 무익한 종이라 우리가 하여야 할 일을 한 것뿐이라 할지니라

아무것도 가지고 있지 않기에 자신이 절대적으로 의존하는 하나님께 아무것도 드릴 수 없는 존재입니다. 인간은 반드시 모든 것을 받아야만 하는 존재이기 때문에 아무 것도 줄 수 없습니다. 인간은 빼앗길 수 없는 자기 고유의 권리를 가지고 계시며 계약의 형태로 일한 것에 대한 보상 및 임금을 요구할 수 있는 하나님과 반대편에 있는 존재가 아닙니다.

하지만 하나님은 당신의 은혜의 선물과 함께 하나님의 길을 걸어가는 모든 사람에게 풍성한 왕관을 씌울 수 있는 자기 자신만의 자유 의지를 가진 분이십니다. 하나님께서는 첫 번째 언약 가운데서 자신의 계명에 순종할 때 영생과 거룩한 구원으로 향하는 길을 열어 주셨습니다. 이는 행한 일에 대한 보수의 개념으로 주어지는 상급이 아닙니다. 그 자체로 지킬 의무가 있는 주님의 명령을 매우 쉽게 지키는 것과 하나님과의 교제 속에서 값없이 받는 복된 영생이 과연 같다고 할 수 있겠습니까?

또한 하나님께서는 은혜 언약 가운데에서도 그리스도를 믿는 모든 자에게 영생을 주실 것을 약속하셨습니다. 여기에서도 상급의 원래 의미에 대해 말할 여지는 그렇게 크지 않습니다. 믿는다는 것은 그리스도 안에서 드러난 은혜의 선물을 받아들인다는 것이고, 깊은 곳으로 가라앉아 거의 죽어가는 난파선의 선원이 구명밧줄을 붙잡고 있는 것과 다름없는, 즉 공로가 없는 행위이기 때문입니다. 하지만 하나님은 자기 자신이 아니라 그리스도를 위해서 우리에게 믿음, 죄 용서, 영생을 주시는 아주 선하신 분입니다. 하나님은 신자들이 고대하는 영광을 통해 싸움 가운데 있는 신자들을 격려하십니다. 그러므로 한 편으로는 언약의 모든 유익을 얻는 것이 모든 행위 앞에 있고 오직 믿음으로만 가능하다는 것과, 또 다른 한편으로는 마치 이 모든 유익이 오직 행위를 통해 얻어지는 것처럼 신자들은 최선을 다해 선행을 베풀어야 한다는 두 가지 측면은 모두 다 진리입니다. 신자들은 영원부터 선택된 자들이지만, 그들은 자신의 부르심과 선택이 확실하도록 굳건히 해야 합니다[벧후 1:10].[3] 신자들은 믿음을 통해 영생을 얻지만, 이 영생은 자기를 부인한 것에 대한 상급으로 어느 날 하늘의 아버지에게서 받게 될 것입니다. 신자들은 그리스도 없이는 아무것도 할 수 없는 포도나무의 가지들입니다. 신자들은 그리스도 안에서, 그의 말씀과 그의 사랑 안에 거하라는 권면을 받았습니다[요 15:4-9].[4] 신자들은 그리스도

---

[3] [벧후 1:10] 그러므로 형제들아 더욱 힘써 너희 부르심과 택하심을 굳게 하라 너희가 이 것을 행한즉 언제든지 실족하지 아니하리라

[4] [요 15:4-9] 내 안에 거하라 나도 너희 안에 거하리라 가지가 포도나무에 붙어 있지 아니하면 스스로 열매를 맺을 수 없음 같이 너희도 내 안에 있지 아니하면 그러하리라 나는 포도나무요 너희는 가지라 그가 내 안에, 내가 그 안에 거하면 사람이 열매를 많이 맺나니 나를 떠나서는 너희가 아무 것도 할 수 없음이라 사람이 내 안에 거하지 아니하면 가지처럼 밖에 버려져 마르나니 사람들이 그것을 모아다가 불에 던져 사르느니라 너희

안에서 하나님께서 준비하신 모든 선한 일을 위해 지음 받은 하나님의 작품으로, 계속해서 그 가운데서 행해야 합니다[엡 2:10].[5] 신자들은 거룩한 자들이지만, 반드시 날마다 성화되어야 할 자들이기도 합니다. 신자들은 자신의 육체와 함께 정욕을 십자가에 못 박은 자들이며[갈 5:24],[6] 땅에 있는 지체를 죽이라고 부름 받은 자들입니다[골 3:5].[7] 하나님의 선택이 불변하고 그의 부르심에는 후회함이 없으므로[롬 11:29],[8] 그의 언약은 변치 않고 그의 약속은 예와 아멘이 된다는 사실로 인해 신자는 자신의 궁극적인 구원에 대해 확신합니다[고후 1:20].[9] 그럼에도 신자들은 두렵고

가 내 안에 거하고 내 말이 너희 안에 거하면 무엇이든지 원하는 대로 구하라 그리하면 이루리라 너희가 열매를 많이 맺으면 내 아버지께서 영광을 받으실 것이요 너희는 내 제자가 되리라 아버지께서 나를 사랑하신 것 같이 나도 너희를 사랑하였으니 나의 사랑 안에 거하라

[5] [엡 2:10] 우리는 그가 만드신 바라 그리스도 예수 안에서 선한 일을 위하여 지으심을 받은 자니 이 일은 하나님이 전에 예비하사 우리로 그 가운데서 행하게 하려 하심이니라

[6] [갈 5:24] 그리스도 예수의 사람들은 육체와 함께 그 정욕과 탐심을 십자가에 못 박았느니라

[7] [골 3:5] 그러므로 땅에 있는 지체를 죽이라 곧 음란과 부정과 사욕과 악한 정욕과 탐심이니 탐심은 우상 숭배니라

[8] [롬 11:29] 하나님의 은사와 부르심에는 후회하심이 없느니라

[9] [고후 1:20] 하나님의 약속은 얼마든지 그리스도 안에서 예가 되니 그런즉 그로 말미암아 우리가 아멘 하여 하나님께 영광을 돌리게 되느니라

떨림으로 자신의 구원을 이루어 나가고[빌 2:12],[10] 죽도록 충성하고 끝까지 인내해야 합니다[계 2:10].[11]

성경은 수동적인 기독교보다 능동적인 기독교를 장려합니다. 성경은 신자들이 끊임없이 더욱더 신자가 되기를, 그들이 상속받은 것을 자신의 것으로 여기기를, 그리스도 안에서 자신들에게 주어진 것을 점점 더 소유한 자가 되기를 원합니다. 그러므로 한 편으로는 공로 없이 받은 거저 주어진 선물이, 다른 한 편으로는 상급으로 여겨질 수 있습니다. 이를 상급으로 여길 수 있는 이유는 믿음과 믿음 안에서 인내하는 것만이 그리스도께서 순전한 은혜를 통해 신자들에게 주신 유익들을 온전히 소유할 수 있는 유일한 길이기 때문입니다. 거룩함 없이는 그 누구도 하나님을 볼 수 없습니다[히 12:14].[12]

---

10 [빌 2:12] 그러므로 나의 사랑하는 자들아 너희가 나 있을 때뿐 아니라 더욱 지금 나 없을 때에도 항상 복종하여 두렵고 떨림으로 너희 구원을 이루라

11 [계 2:10] 너는 장차 받을 고난을 두려워하지 말라 볼지어다 마귀가 장차 너희 가운데에서 몇 사람을 옥에 던져 시험을 받게 하리니 너희가 십 일 동안 환난을 받으리라 네가 죽도록 충성하라 그리하면 내가 생명의 관을 네게 주리라 (역자 주: 이 문단은 전체적으로 신자들이 그리스도가 이미(already) 이루신 구속사역(the Work of Redemption)과 아직(not yet) 성취되지 않았으나 앞으로 성취될 구속사(Redemptive History) 사이에 있는 존재임을 염두에 두고 이해해야 한다.)

12 [히 12:14] 모든 사람과 더불어 화평함과 거룩함을 따르라 이것이 없이는 아무도 주를 보지 못하리라

우리는 때로는 이 상급을 하늘의 구원으로 이해하기도 하고, 행위에 따라 신자들에게 주어지는 영광의 여러 단계나 등급으로 이해하기도 합니다. 상급은 이 땅에 있는 것처럼, 하늘에서도 있을 것입니다. 통일성 안에 다양성이 있습니다. 해의 영광이 다르고 달의 영광이 다르며 별의 영광도 다른데 별과 별의 영광도 다릅니다[고전 15:41].[13] 하나님의 모든 자녀가 거하는 아버지 집에는 거할 곳이 많습니다[요 14:2].[14] 각 교회는 그 신실함의 정도에 따라 교회의 왕이 주시는 장신구와 면류관을 받습니다. 우리 모두는 그리스도의 심판대 앞에 반드시 나타나, 각자가 선한 일이든 악한 일이든 그 몸으로 행한 바대로 받게 될 것이기 때문입니다[고후 5:10].[15]

그 때에 사람들 간의 분리가 완전히 이루어질 것입니다. 그리스도의 초림 때, 그가 처음으로 약속을 선언하시면서 이 세상의 위기와 심판은 이미 시작되었습니다[요 12:31].[16] 그리스도는 많은

---

[13] [고전 15:41] 해의 영광이 다르고 달의 영광이 다르며 별의 영광도 다른데 별과 별의 영광이 다르도다

[14] [요 14:2] 내 아버지 집에 거할 곳이 많도다 그렇지 않으면 너희에게 일렀으리라 내가 너희를 위하여 거처를 예비하러 가노니

[15] [고후 5:10] 이는 우리가 다 반드시 그리스도의 심판대 앞에 나타나게 되어 각각 선악간에 그 몸으로 행한 것을 따라 받으려 함이라

[16] [요 12:31] 이제 이 세상에 대한 심판이 이르렀으니 이 세상의 임금이 쫓겨나리라

사람의 부활과 멸망이 되기 위해 오셨습니다. 그는 이 땅에 평화가 아니라 검을 주러 오셨고, 사람이 그 아버지와, 딸이 그 어머니와, 며느리가 그 시어머니와 화목하지 못하게 하십니다[마 10:34-35].¹⁷ 그는 모두에게 자기를 선택하거나 대적하라고 요구하셨습니다. 그리스도의 말씀은 마음의 생각과 묵상을 심판하십니다. 그리스도의 복음은 생명으로부터 생명에 이르는 냄새이고, 사망으로부터 사망에 이르는 냄새입니다[고후 2:16].¹⁸ 모든 것이 그리스도의 심판대 앞에서 드러나게 될 때, 사람 사이의 분리는 그리스도가 정한 미래의 날에 완전해질 것입니다. 성부께서 모든 심판의 권세를 인자이신 아들에게 주셨기 때문입니다.

모든 사람의 운명은 그리스도께서 자신의 소유로 그를 인정하고 하늘에 계신 아버지 앞에서 그 사실을 말씀하시느냐에 따라 결정됩니다. 우리의 무죄 선고와 구원은 그리스도의 공적 선언에 달려 있습니다.

그리스도는 그가 육신을 취하실 때 우리를 부끄러워하지 않

---

17 [마 10:34-35] 내가 세상에 화평을 주러 온 줄로 생각하지 말라 화평이 아니요 검을 주러 왔노라 내가 온 것은 사람이 그 아버지와, 딸이 어머니와, 며느리가 시어머니와 불화하게 하려 함이니

18 [고후 2:16] 이 사람에게는 사망으로부터 사망에 이르는 냄새요 저 사람에게는 생명으로부터 생명에 이르는 냄새라 누가 이 일을 감당하리요

으셨습니다. 부끄러울만한 당연한 이유가 있음에도 말입니다. 그리스도는 그분 자신이 성부의 독생자셨고, 성부와 성령과 동일한 본질과 영광을 가지고 계셨으며, 참으로 성부의 영광의 빛이시고, 그 인격의 형상이셨습니다. 그럼에도 그리스도는 하나님과 동등됨을 취하지 않으셨습니다[빌 2:6].[19] 우리는 죄책으로 가득 차서 머리부터 발끝까지 더럽고 부패한 자들입니다. 그러나 그리스도께서는 여전히 이런 우리를 형제로 부르기를 부끄러워하지 않으십니다[히 2:11].[20] 그리스도께서는 하나님 앞에서도, 거룩한 천사들 앞에서도 우리를 부끄러워하지 않으십니다. 그리스도께서는 우리의 육체와 피를 취하셔서 우리와 같은 본성을 가지시고 모든 면에서 우리와 같은 사람이 되셨지만, 오직 죄는 없는 분이셨습니다[히 4:15].[21] 심지어 하나님께서도 그리스도 안에서 우리의 하나님으로 불리는 것을 부끄러워하지 않으셨습니다.

---

19 [빌 2:6] 그는 근본 하나님의 본체시나 하나님과 동등됨을 취할 것으로 여기지 아니하시고

20 [히 2:11] 거룩하게 하시는 이와 거룩하게 함을 입은 자들이 다 한 근원에서 난지라 그러므로 형제라 부르시기를 부끄러워하지 아니하시고

21 [히 4:15] 우리에게 있는 대제사장은 우리의 연약함을 동정하지 못하실 이가 아니요 모든 일에 우리와 똑같이 시험을 받으신 이로되 죄는 없으시니라

그러므로 그리스도께서는 미래에 자신이 오시는 날에도 우리를 부끄러워하지 않으실 것입니다. 그날에 그리스도는 종이 아니라 주님으로, 고난이 아니라 영광을 받기 위해, 십자가가 아니라 면류관을 쓰고 다시 오실 것입니다. 그리스도께서는 우리를 부끄러워하지 않으실 것입니다. 그 이유는 모든 하늘 너머로 승천하신 그분이 이 땅의 가장 낮은 곳으로 내려오신 분과 같은 분이기 때문입니다. 심판하시는 분은 한때 잃어버린 자들을 찾아 구원하기 위해 오셨던 바로 그 인자이십니다. 우리의 심판자는 곧 우리의 구주이십니다. 그리스도는 자신에게 속한 자들을 결코 잊거나 버리지 않으십니다. "누구든지 사람 앞에서 나를 시인하면 나도 하늘에 계신 내 아버지 앞에서 그를 시인할 것이요."[마 10:32]

그리스도께서는 모든 피조물이 이 말씀을 들을 수 있도록 온 세상을 한눈에 바라보시면서 자신을 신실하게 고백하는 자들을 위해 공개적으로 일어서실 것입니다. 그들이 비록 이 땅에서는 멸시를 받았지만, 그리스도는 그들의 이름을 취하사 그의 입술에 두셔서, 이들은 자신의 피로 사신 자신의 소유라는 사실과 세상과 지옥의 그 어떤 권세라도 그들을 빼앗아갈 능력이 없다는 사실을 모든 사람의 귀에 선포하실 것입니다.

그리스도께서 말씀하신대로 이 모든 일은 이루어질 것입니다. 그리스도의 심판은 모든 창조세계에 영향을 미칠 것입니다.

그리스도의 선포 또한 모든 피조물에 영향을 미칠 것입니다. 그 누구도 이에 대해 비판할 수 없고, 감히 반기를 들 수 없을 것입니다. 그리스도의 심판은 모든 정죄 위에서 영광 받게 될 것이며, 모든 사람과 마귀의 정죄보다 더 높이 설 것입니다. 하늘과 땅, 지옥과 모든 피조물은 영원토록 그리스도의 심판 아래 굴복할 것입니다.

그 무엇보다도 더 중요한 것은 성부 하나님께서 아들의 이 사역 가운데서 안식하실 것이라는 사실입니다. 성부께서 만물을 창조하신 후에 자신이 창조한 만물을 바라보시며 심히 좋아하셨던 것처럼[창 1:31],[22] 마지막 날에도 그리스도를 통해 임할 위대한 구원 사역을 신적인 즐거움 가운데서 내려다보실 것입니다. 흠이나 주름 잡힌 것 없는 교회와 완성된 나라가 그리스도 앞에 서게 될 때[엡 5:27],[23] 성부께서는 성자를 통해 자신의 자녀가 된 구원 받은 모든 사람을 자신의 자녀로 받아들이셔서, 자신과의 교제에 참여하고 함께 자신의 존재를 즐겁게 누리게 하실 것입니다.

---

22 [창 1:31] 하나님이 지으신 그 모든 것을 보시니 보시기에 심히 좋았더라 저녁이 되고 아침이 되니 이는 여섯째 날이니라

23 [엡 5:27] 자기 앞에 영광스러운 교회로 세우사 티나 주름 잡힌 것이나 이런 것들이 없이 거룩하고 흠이 없게 하려 하심이라

하늘에 계신 성부 하나님 앞에서 그리스도로 말미암은 신자들의 공적 신앙고백은 그들의 영원한 구원과 영광의 보증이 될 것입니다.

12장

신앙고백의 승리

12장
신앙고백의 승리

이러므로 하나님이 그를 지극히 높여 모든 이름 위에

뛰어난 이름을 주사 하늘에 있는 자들과 땅에 있는 자들과

땅 아래에 있는 자들로 모든 무릎을 예수의 이름에 꿇게

하시고 모든 입으로 예수 그리스도를 주라 시인하여

하나님 아버지께 영광을 돌리게 하셨느니라

빌립보서 2장 9-11절

사람은 마음 깊은 곳에서부터 언젠가는 진리가 비진리를 이길 것이며 선이 악을 이길 것이라는 소망을 품습니다.

모든 종교는 마지막 날에 빛의 나라가 어두움의 나라를 이길 것이라고 말하며 기대를 촉진합니다. 모든 철학의 체계도 미래의 순수한 대기와 선명한 빛으로 둘러싸인 인간이 평화와 기쁨

을 누리며 진실하고 자유롭고 선하게 살아가는 이상적인 모습을 묘사하면서 결론을 맺습니다. 모든 사람은 순결함을 회복하고 모든 것이 풍족한 낙원을 고대합니다. 심지어 가장 철저한 불신자들조차도 이런 달콤한 소망에 자신을 복종시키며, 조만간 온 세상 가운데 임할 선하고 아름다운 진리의 나라를 꿈꿉니다.

그러나 이런 소망은 근거가 빈약합니다.[1] 만약 진리와 의의 하나님이 없다면, 성부 하나님께 기름 부음을 받아 하나님의 나라를 세우시고 새 하늘과 새 땅을 창조하시는 그리스도가 없다면, 우리가 무슨 근거로 진리와 의의 승리를 믿을 수 있겠습니까? 이방인들이 섬기는 우상들은 인간의 손으로 만들어진 것입니다. 철학자들의 미래를 향한 기대는 인간의 뇌가 만든 발명품들입니다. 진리와 선과 아름다움은 듣기에는 좋은 소리이지만, 그 자체에 모든 사람을 통치할 수 있는 능력은 없습니다.

이런 소망으로부터 구원을 기대하는 자는 누구든지 그 소망

---

1 역자 주: 본 장의 주제인 '신앙고백의 승리' 내용과 바빙크의 『계시 철학』 10장의 주제인 '계시와 미래'의 내용은 다양한 측면에서 일맥상통을 강하게 이룬다. 논지의 진행 흐름도 유사한데, 바빙크는 인간 중심적인 미래 발전상을 먼저 기술·비판한 후에, 그리스도(말씀과 계시)를 중심으로 하는 참된 미래상을 아름답게 기술하며 제시하고 있다. 그 결과 본 장의 짧은 내용은 마치 『계시 철학』의 10장 내용 전체를 일목요연하게 요약해 놓은 요약판과도 같다. 바빙크, 『계시 철학』, 477-530을 참고하라.

을 사람에게 두고, 사람들이 점차 진리를 인식하고 덕을 행할 것을 기대할 수밖에 없습니다. 하지만 그 기대와 소망이 매우 부질없다는 사실은 금방 드러납니다. 물질적 번영이 있고, 자연을 다스리는 인간의 권위와 권력이 강해지며, 더 나은 삶을 만들기 위한 자연의 힘이 점점 더 커지고 있기 때문입니다.

그러나 모두가 인정하다시피, 도덕적 진보와 물질적 진보는 서로 보폭을 맞추지 못하고 있습니다. 앞선 모든 시대를 바라보면 정의는 발로 짓밟혔고 정직함은 길거리에서 휘청거리며, 돈을 향한 갈망과 목마름은 늘어만 가고 권력을 향한 찬미는 선을 넘어버렸습니다. 심지어 문명, 지식, 학문조차도 이 인정사정없는 힘에 굴복해 버렸습니다. 한 편으로는 문화에 대해 만족할 줄 모르고, 또 다른 한 편으로는 비참함과 슬픔을 느낍니다. 인간은 이전보다 낙원에서 훨씬 더 멀어진 것처럼 보입니다.

어떠한 경우에도 인간의 힘이나 권세, 이 세상 스스로의 발전을 통해서는 구원을 기대할 수 없다는 것이 역사를 통해 분명하게 증명되었습니다. 기껏해야 어렴풋한 낙담이나 소망 없는 절망 정도만 남을 뿐입니다. 하나님과 그리스도가 없는 자는 이 세상에서 그 어떤 소망도 갖지 못합니다[엡 2:12].[2] 하나님의 나라

---

2 [엡 2:12] 그 때에 너희는 그리스도 밖에 있었고 이스라엘 나라 밖의 사람이라 약속의

는 이 세상의 연속선상에서 단번에 세워진 것이 아니며, 미래에도 이런 방식으로 완성되지 않을 것입니다.

구원은 자연의 영역에서와 마찬가지로 영적인 영역에도 있습니다. 이 땅이 빛과 공기, 비와 햇살, 성장과 비옥함을 반드시 위로부터 받아야 하는 것처럼 사람도 자신의 영적 생명을 하나님의 보좌 우편에 앉아계신 그리스도의 보이지 않는 영원한 나라에 의존하고 있습니다.

위로부터 세상의 빛, 영생, 구원이신 그리스도께서 내려오셨습니다. 그리스도는 그 높은 곳으로부터 자신의 몸인 교회를 모으시고, 보존하시고, 보호하십니다. 그리스도는 성부의 보좌 우편에서 교회의 머리로 높아지셨고, 스스로 모든 것을 이루시며, 모든 원수를 그 발아래에 두시기까지 왕으로 다스릴 분이십니다[고전 15:25].[3]

그리스도는 어느 날 위로부터 내려오실 것입니다. 그리스도의 재림은 그의 초림 안에서 이해되며, 반드시 초림의 시대 속에서 이루어집니다. 그리스도의 재림은 임의로 첨가된 것이 아니라 그의 초림과 분명하게 연합되어 있습니다. 그리스도의 사

언약들에 대하여는 외인이요 세상에서 소망이 없고 하나님도 없는 자이더니

3 [고전 15:25] 그가 모든 원수를 그 발 아래에 둘 때까지 반드시 왕 노릇 하시리니

역은 구원의 가능성을 여는 정도가 아니라 완전하고도 영원한 구원 그 자체를 주시는 사역이기 때문입니다.

그러므로 그리스도의 사역은 이 땅에서 구원을 획득하신 것으로 끝나지 않습니다. 우리를 위해 죽기만 하시고 우리를 위해 살지도, 기도하시지도, 우리의 선을 위해 하나님의 얼굴 앞에 서지 않으시는 그리스도가 과연 우리에게 무슨 유익과 이익이 될 수 있겠습니까? 그러나 하늘로부터 내려오신 그 분은 모든 것을 성취하시고 하늘로 올라가신 바로 그 분이십니다. 그리스도께서는 자신이 얻은 공로를 적용하기도 하십니다. 그는 자신이 시작한 일을 완성하십니다. 그리스도는 자신의 백성들을 온전히 구원하시고 하늘과 땅을 다시 새롭게 하실 때까지 쉬지 않으십니다.

마라나타! 주여 오시옵소서[고전 16:22]![4] 그리스도께서는 먼저 자기 자신을 위해 다시 오십니다. [그리스도의 재림에] 그리스도의 이름, 직분, 영광의 성패가 달려 있습니다. 그리스도는 그가 참되고 완전한 구원자라는 사실을, 말 뿐이 아닌 진리와 [진리의] 행위로 구원하신다는 사실을, 성부 하나님을 통해 자신에

---

4 [고전 16:22] 만일 누구든지 주를 사랑하지 아니하면 저주를 받을지어다 우리 주여 오시옵소서 또는 우리 주께서 임하셨도다

게 맡겨진 모든 자에게 영생을 주실 것이라는 사실을[요 17:2],⁵ 그 누구도 그의 손으로부터 신자들을 빼앗거나 빼앗을 능력이 없다는 사실을[요 10:28-29],⁶ 그가 어제도 오늘도 영원토록 동일하시다는 사실을 모든 세상에 드러내기 위해 다시 오십니다[히 13:8].⁷

그리스도는 하나님을 모르고 하나님의 복음에 불순종한 모든 자에게 격렬히 타는 불로 원수를 갚기 위해, 또한 그의 모든 성도를 영화롭게 하기 위해, 모든 믿는 자 가운데 경외를 받고 유일하고 참되신 주님으로 경배를 받기 위해, 성부 하나님께 영광을 돌리기 위해 다시 오십니다.

그러므로 이 세상의 역사는 신앙고백의 통일성 안에서 끝을 맺습니다. 언젠가 천사들과 마귀들, 의인과 악인들은 모두 그리스도께서 성부 하나님의 독생자이시며 만물의 상속자라는 사실을 인정하고 동의하게 될 것입니다. 그때 모든 무릎이 굴복하고, 모든 입이 예수 그리스도를 주님으로 고백할 것입니다[빌

---

5 [요 17:2] 아버지께서 아들에게 주신 모든 사람에게 영생을 주게 하시려고 만민을 다스리는 권세를 아들에게 주셨음이로소이다

6 [요 10:28-29] 내가 그들에게 영생을 주노니 영원히 멸망하지 아니할 것이요 또 그들을 내 손에서 빼앗을 자가 없느니라 그들을 주신 내 아버지는 만물보다 크시매 아무도 아버지 손에서 빼앗을 수 없느니라

7 [히 13:8] 예수 그리스도는 어제나 오늘이나 영원토록 동일하시니라

2:10-11].⁸

　오늘날 이 신앙고백은 거부당하며 반대를 받습니다. 그 이유는 신앙고백의 내용이 보이지 않는 것들의 세상과 관련되어 있기 때문입니다. 신앙고백의 진리를 통찰력 있게 이해하기 위해서는 바라는 것들의 실상이요 보이지 않는 것들의 증거인 믿음이 필요합니다[히 11:1].⁹ 우리는 보이는 것이 아니라 믿음을 통해 걸어가는 사람들입니다[고후 5:7].¹⁰ 보이는 것들만 인정하는 세상은 교회와 모순되며, 교회의 믿음을 어리석게 여기고 교회의 소망을 망상으로 바라봅니다. 외적으로 보이는 모습들도 우리에게 불리합니다. 우리 조상들이 죽은 날들부터 처음 창조되었을 때와 마찬가지로 오늘날까지 만물이 그대로 남아있기 때문에 조롱하는 자들은 이렇게 묻습니다. "미래의 하나님의 약속은 도대체 어디에 있느냐[벧후 3:4]?"¹¹

　하지만 변화는 다가오고 있습니다. 마라나타! 요한은 환상을

8　[빌 2:10-11] 하늘에 있는 자들과 땅에 있는 자들과 땅 아래에 있는 자들로 모든 무릎을 예수의 이름에 꿇게 하시고 모든 입으로 예수 그리스도를 주라 시인하여 하나님 아버지께 영광을 돌리게 하셨느니라

9　[히 11:1] 믿음은 바라는 것들의 실상이요 보이지 않는 것들의 증거니

10　[고후 5:7] 이는 우리가 믿음으로 행하고 보는 것으로 행하지 아니함이로라

11　[벧후 3:4] 이르되 주께서 강림하신다는 약속이 어디 있느냐 조상들이 잔 후로부터 만물이 처음 창조될 때와 같이 그냥 있다 하니

보았습니다. "또 내가 하늘이 열린 것을 보니 보라 백마와 그것을 탄 자가 있으니 그 이름은 충신과 진실이라 그가 공의로 심판하며 싸우더라 그 눈은 불꽃 같고 그 머리에는 많은 관들이 있고 또 이름 쓴 것 하나가 있으니 자기 밖에 아는 자가 없고 또 그가 피 뿌린 옷을 입었는데 그 이름은 하나님의 말씀이라 칭하더라 하늘에 있는 군대들이 희고 깨끗한 세마포 옷을 입고 백마를 타고 그를 따르더라 그의 입에서 예리한 검이 나오니 그것으로 만국을 치겠고 친히 그들을 철장으로 다스리며 또 친히 하나님 곧 전능하신 하나님의 맹렬한 진노의 포도주 틀을 밟겠고 그 옷과 그 다리에 이름을 쓴 것이 있으니 만왕의 왕이요 만주의 주라 하였더라"[계 19:11-16]

그리스도께서 영광 가운데 임재하실 때 그 누구도 그를 반대하거나 대적할 수 없습니다. 모든 사람이 그리스도를 볼 것이며, 그를 찌른 자들도 볼 것입니다[요 19:37].[12] 그들은 자기 육신의 눈으로 그리스도를 볼 것이며, 그 어떤 불신앙과 의심도 더 이

---

12 [요 19:37] 또 다른 성경에 그들이 그 찌른 자를 보리라 하였느니라 (역자 주: 요 19:37 말씀이 말하는 성경은 구약 성경 슥 12:10을 지칭한다. "내가 다윗의 집과 예루살렘 주민에게 은총과 간구하는 심령을 부어 주리니 그들이 그 찌른 바 그를 바라보고 그를 위하여 애통하기를 독자를 위하여 애통하듯 하며 그를 위하여 통곡하기를 장자를 위하여 통곡하듯 하리로다")

상 가능하지 않을 것입니다. 그때 모든 피조물은 그리스도가 주님이심을 반드시 인정할 것입니다. 그들은 자발적으로가 아니라 고백을 종용당하며, 이를 마음에서 우러나와 기꺼이 하는 것이 아니라 억지로라도 고백하며, 간절히 원하는 마음으로 하는 것이 아니라 그 마음과 반대로 고백하며 인정하게 될 것입니다. 하늘 한가운데의 보좌로부터, 피조세계의 모든 영역을 통해, 큰 무저갱의 가장 깊은 골짜기까지, 오직 한 목소리가 울려 퍼질 것입니다. "그리스도는 주님이시다!" 그리고 모든 피조물이 십자가에서 무참히 낮아지시고 죽으셨으나 다시 높이 올림을 받아 성부의 보좌 우편, 온 우주의 권자 위에 좌정하신 그리스도 앞에 다 함께 무릎을 꿇을 것입니다.

얼마나 멋진 미래요 장관입니까! 모든 피조 만물이 예수 그리스도 앞에 무릎을 꿇습니다! 지금은 많은 사람에게 멸시를 받지만 나중에는 모든 사람이 인정할 간결하고 반복적이며 모든 것을 아우르는 이 하나의 신앙고백이 모든 입술에 있습니다. "그리스도는 하나님 아버지의 영광을 위한 주님이시다!"

오소서, 주 예수여 오시옵소서. 속히 오시옵소서[계 22:20]![13]

---

13 [계 22:20] 이것들을 증언하신 이가 이르시되 내가 진실로 속히 오리라 하시거늘 아멘 주 예수여 오시옵소서

이기는 자는 이처럼 흰 옷을 입을 것입니다[계 3:5].**¹⁴** 하나님의 일곱 영과 일곱별을 가진 분은[계 3:1]**¹⁵** 흰옷 입은 자의 이름을 생명책에서 결코 지우지 않으실 것이며, 아버지와 천사들 앞에서 그 이름을 시인하실 것입니다.**¹⁶**

---

14 [계 3:5] 이기는 자는 이와 같이 흰 옷을 입을 것이요 내가 그 이름을 생명책에서 결코 지우지 아니하고 그 이름을 내 아버지 앞과 그의 천사들 앞에서 시인하리라

15 [계 3:1] 사데 교회의 사자에게 편지하라 하나님의 일곱 영과 일곱 별을 가지신 이가 이르시되 내가 네 행위를 아노니 네가 살았다 하는 이름은 가졌으나 죽은 자로다

16 역자 주: 본서의 전반적인 신학적 구조는 종말론적이다. 본서 1장은 하나님의 신적 작정과 언약으로 시작되고, 본서의 전반적인 내용은 이 신적 작정과 언약의 내용에 대한 신앙고백이 주류를 이루며, 본서의 마지막 장은 그리스도의 재림과 더불어 만물이 갱신·회복될 것에 대한 소망을 노래한다. 즉 본서의 1장과 12장 마지막 장이 마치 겹첩구조처럼 맞물려 있어 최종적인 종말론적 신앙고백으로 논지 구조가 향해 있음을 볼 수 있다.

◆ 헤르만 바빙크의 교회를 위한 신학 시리즈 ◆

**헤르만 바빙크의
기독교 세계관**

혼돈의 시대를 살아가는 그리스도인을 위한 자유

헤르만 바빙크 지음 | 김경필 옮김 | 강영안 감수 및 해설
양장 | 248쪽 | 16,000원

**헤르만 바빙크의
찬송의 제사**

신앙고백과 성례에 대한 묵상

헤르만 바빙크 지음 | 박재은 옮김
양장 | 208쪽 | 15,000원

**헤르만 바빙크의
설교론**

설교는 어떻게 사람을 변화시키는가?

헤르만 바빙크 지음 | 제임스 에글린턴 엮음 | 신호섭 옮김
양장 | 208쪽 | 15,000원

**헤르만 바빙크의
교회를 위한 신학**

거룩한 신학과 보편적 교회

헤르만 바빙크 지음 | 박태현 편역 및 해설
양장 | 184쪽 | 13,000원

**헤르만 바빙크의
일반 은총**

차별없이 베푸시는 하나님의 선물

헤르만 바빙크 지음 | 박하림 옮김 | 우병훈 감수 및 해설
양장 | 168쪽 | 12,000원

**헤르만 바빙크의
성도다운 성도**

신실한 헌신으로 예수님을 따르는 그리스도인의 삶

존 볼트 지음 | 박재은 옮김
양장 | 488쪽 | 30,000원